AVENTURIER DES GLACES

NICOLAS DUBREUIL
AVEC MICHEL MOUTOT

AVENTURIER DES GLACES

Éditions de La Martinière

Photos (1re et 4e de couverture et cahier central) : © Nicolas Dubreuil
Conception couverture : Studio Lulu
Carte : © Gérard Bodineau

ISBN : 978-2-7324-4904-3

Connectez-vous sur :
www.editionsdelamartiniere.fr

Dépôt légal : avril 2012

GROENLAND

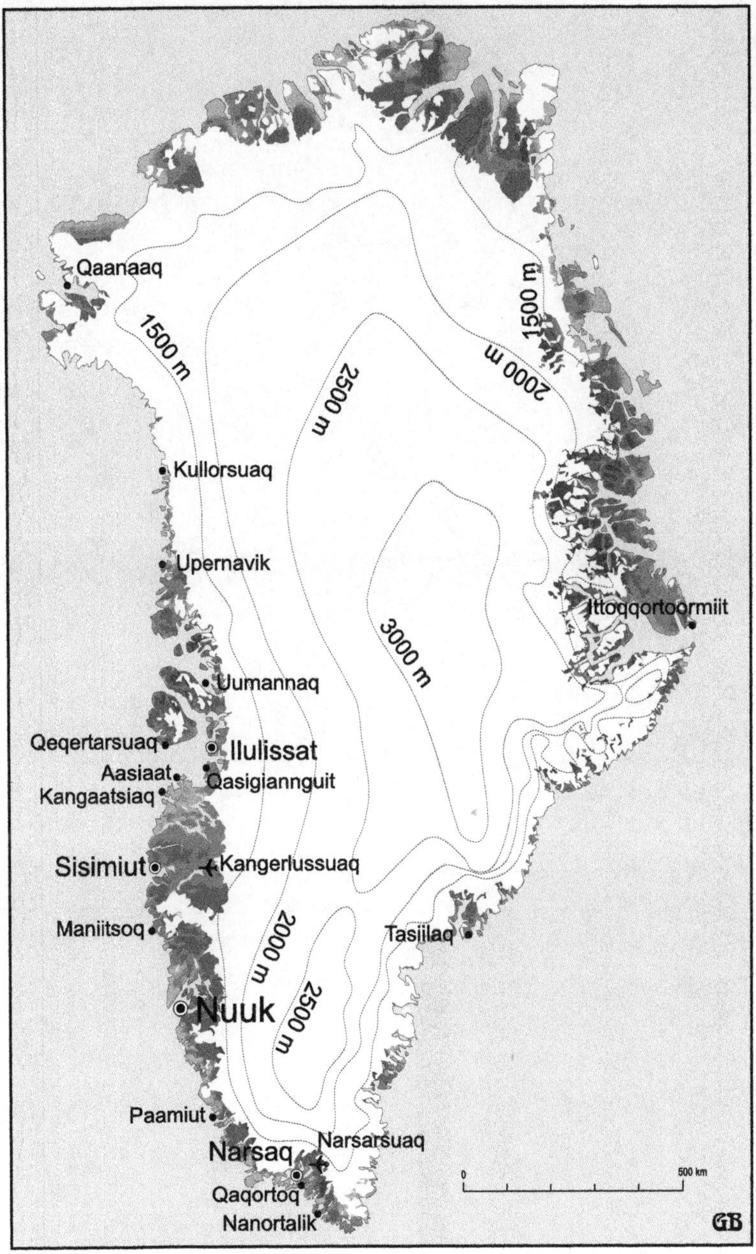
Qaanaaq
1500 m
2500 m
2000 m
1500 m
Kullorsuaq
Upernavik
3000 m
Ittoqqortoormiit
Uumannaq
Qeqertarsuaq
Ilulissat
Aasiaat
Qasigiannguit
Kangaatsiaq
Sisimiut
Kangerlussuaq
Maniitsoq
2000 m
Tasiilaq
2500 m
Nuuk
Paamiut
Narsaq
Narsarsuaq
0
500 km
Qaqortoq
Nanortalik
GB

1

L'initiation

Il faut qu'il arrête. Que je le rattrape et lui dise qu'il va trop vite, que c'est trop dur. Que j'ai peur aussi, un peu. La nuit est tombée maintenant, la pluie glacée me dégouline dans les yeux. J'ai mal aux mains, aux bras, au dos et avec la houle son kayak disparaît à l'horizon.

Juillet 1987, 18 ans et demi. Je suis arrivé le jour même de Vancouver, le kayak familial dans un sac sur mon dos. Débarqué la veille de l'avion de Paris. Mon premier grand voyage sans la famille. Jacques, explorateur polaire, conférencier, baroudeur, ancien militaire, mercenaire en Afrique et ami de mes parents, m'avait donné rendez-vous à « l'arrêt de bus » de Port McNeill, petit port perdu de l'île de Vancouver, sur la côte ouest du Canada.

Depuis cinq ans avec ses films et les récits de ses voyages – ses traversées, ses raids à ski ou en traîneau à chiens, ses rencontres avec les ours et les Inuits –, il me faisait rêver. Un aventurier, un vrai : large d'épaules, des mains et un rire énormes, poil dru et poigne de fer. Il était venu consulter mon père, kinésithérapeute, pour rééduquer sa main droite, cassée lors d'une chute stupide dans une bouche d'égout restée béante, sur la place de la mairie à Asnières. « Cela me gêne pour le fouet... » lui avait-il dit. « Le fouet ? – Oui, oui, c'est-à-dire que je passe mes hivers avec les Inuits, au Groenland, et j'ai besoin du fouet pour mener l'attelage de chiens de traîneau. Et l'été, je fais des raids en kayak, alors je dois bien tenir la pagaie... » Jacques était revenu dîner et avait commencé à nous conter ses voyages et ses aventures.

Sur ses conseils nous avions acheté un kayak d'expédition, un « Nautiraid », le même que le sien. Il pagayait en Alaska et au Groenland. Nous faisions des ronds dans l'eau sur la Seine ou autour de l'île d'Oléron. « Faudra que tu viennes avec moi dès que tu auras l'âge », « Je t'emmène si tu veux », « Si tu voyais quand les baleines soufflent », « Ça, ce sont des orques »... Certains soirs il venait à la maison avec ses photos, ses histoires et son projecteur de films seize millimètres. Nous transformions la cave en salle de projection, assis par terre. Il racontait, expliquait, détaillait les pièces de sa tenue en peau d'ours ou de caribou. Jacques et les Inuits, Jacques et les baleines, Jacques et son igloo. Dans mon lit, je mettais des heures à trouver le sommeil.

Après une première année en fac de Sciences, mes parents acceptent que je parte avec lui, me payant le billet d'avion pour l'autre côté du monde. Deux mois en kayak le long des côtes sauvages de l'île de Vancouver et de la Colombie-Britannique, jusqu'en Alaska, en totale autonomie. Je ne vois pas bien où c'est, même si j'ai regardé sur la carte. Nous allons camper, chasser, pêcher. Dans mon sac un t-shirt rayé, un pull marin bleu qui gratte et un pantalon de pêcheur jaune.

Douze heures de vol, j'arrive au Canada. Première nuit à l'auberge de jeunesse de Vancouver. Seul dans une grande ville inconnue, si loin de la France, à peine majeur. Un avant-goût de l'aventure. Le regard, le sourire d'une jolie blonde dans un couloir.

Au matin, chargé comme un baudet avec le kayak démonté, les pagaies et deux sacs d'affaires, je marche jusqu'au terminal des bus. Assis près de la fenêtre. L'autocar embarque à bord du ferry, la côte de l'île de Vancouver apparaît au loin. Déjà un air du large, les embruns. Puis journée de route à travers montagnes et forêts. À chaque arrêt, je demande au chauffeur si ce n'est pas Port McNeill... « Non, non, pas encore. Ne vous inquiétez pas, je vous préviendrai. » Après douze heures de voyage, il stoppe dans ce minuscule village de pêcheurs niché dans une baie de la côte est. « Voilà, c'est ici. » Seul passager à descendre.

Début juillet. Malgré la pluie le ciel est encore clair en début de soirée. Je récupère les sacs dans le coffre latéral. Grondement du bus qui repart. À l'arrêt, personne. J'attends. Il fait frais, de gros nuages noirs ferment l'horizon, les pins Douglas bruissent dans le vent. Pas un passant. Un pick-up conduit par un costaud en casquette tourne, ralentit, regarde, passe. Jacques n'est pas au rendez-vous. Je m'assieds sur le sac du kayak.

J'éprouve un sentiment étrange : à la fois de la surprise, de la déception mais aussi une sorte de soulagement. La nuit tombe, je pars à pied, croulant sous la charge. Je pose bientôt mon attirail devant l'entrée d'un *Bed and Breakfast*. Jolie maison de bois jaune, grand porche, petit jardin, vingt-cinq dollars la nuit. Dans le salon, de gros canapés recouverts d'un tissu à fleurs et d'une couverture en patchwork. Un feu dans la cheminée. On m'offre le thé, des cookies. L'autre locataire est une jeune Américaine, grande rousse qui va rester ici quelques jours.

En fait, ce n'est peut-être pas plus mal. Une expédition de plusieurs semaines jusqu'en Alaska, quand je n'ai fait du kayak qu'en vacances, c'est sans doute au-dessus de mes forces. L'aventure, les grands espaces, les orques, les ours, les loups et les baleines, c'est exaltant... projeté sur le mur de la cave à Asnières. Mais un peu effrayant aussi. En venant, par la vitre du bus, j'ai vu des ours noirs traverser la route.

Et Port McNeill au crépuscule, avec ses petites maisons de bois serrées autour du bassin, ces arbres immenses, cette forêt sombre tout autour, l'océan noyé de pluie, la houle, les barques de pêche et les voiliers amarrés, c'est le Farwest. Le bout de la route. Trop grand, trop violent pour une première fois. Je fais un mètre quatre-vingt-dix mais je me sens petit encore, parfois.

Voilà : je vais rester là quelques jours, pagayer dans les environs, faire des excursions d'une journée et rentrer le soir au *B and B*, bien au chaud. Je dirai que je n'ai pas trouvé Jacques, qu'il n'est pas venu. Je ne me pose pas la question de savoir s'il a eu un problème, pourquoi il n'est pas au rendez-vous. À lui, il ne peut rien arriver. S'il n'est pas là, c'est qu'il ne veut pas être là, qu'il aura changé d'avis. C'est aussi bien.

Mes affaires au sec, je pars à la découverte sur les quais de bois. Les câbles d'acier tintent dans le vent. Le bruit de mes pas sur les pontons. Une odeur d'algues, de marée, de sous-bois. Je pousse la porte du « *ship chandler* », mi-épicerie, mi-magasin d'accastillage – équipements et produits d'entretien pour bateaux –, seul commerce encore ouvert dans la ville à cette heure.

Et là, entre cannes à pêche, outils, câbles et cordages, penché sur une carte marine, Jacques. Veste en Gore-Tex noire, pantalon de randonnée, bonnet de marin, poignard à la ceinture. Il tourne à peine la tête. « Ah, Nicolas, t'es là ? – Ben, ouais... – O.K., j'achète trois bricoles et on y va. Tu vas monter ton kayak. » Il n'est pas surpris, semble même presque gêné de me voir. Je n'ose rien dire. Et surtout pas « on n'avait pas dit à l'arrêt du bus ? »

Je récupère mon attirail, m'excuse dans mon anglais de lycéen auprès de la logeuse. Sous une pluie de plus en plus drue, je le rejoins sur le port. Il discute avec un gars, près d'un pick-up, me fait signe de jeter mon équipement à l'arrière.

Nous quittons le village, quelques kilomètres à travers la forêt. « Ici c'est bien, merci. » Pas d'embranchement, pas de route, à peine un sentier qui dévale le talus. Jacques prend l'un de mes sacs, descend entre les arbres. Il marche trop vite, ne me parle pas, je suis trop chargé… Le sentier disparaît, nous avançons dans les fourrés. J'entends d'abord l'océan, je le sens avant de voir la plage, immense. Marée basse, lagunes brillantes, la lune entre deux nuages. « O.K., monte ton kayak. Fais vite. » J'ouvre les sacs, assemble les montants en bois, installe la toile. Je me coupe en dressant la structure : une blessure à la main qui, rongée par le sel, mettra des semaines à cicatriser. Sous la pluie qui redouble, avec Jacques qui regarde sans mot dire les mains dans les poches, à la lueur de ma lampe frontale, je fixe des pièces à l'envers, démonte-remonte, pousse, tire, fixe.

Je remarque alors son kayak : retourné quille en l'air, caché sous des branchages. On s'équipe, j'ai du mal à faire tout rentrer dans l'embarcation. Jacques s'impatiente. Premiers pas dans l'eau glacée. Je ne comprends pas que l'on parte ainsi, par ce temps, dans la nuit noire. On aurait pu attendre le jour, manger au restaurant… Il s'élance, je le suis.

Il tombe des cordes. En quelques coups de pagaie, il s'éloigne. Mon équipement sommaire prend l'eau. Je tente de rester près de lui. En vain. Il ralentit, file à nouveau dès que j'approche, disparaît derrière un îlot. Je pagaie de toutes mes forces. J'ai froid. Il faudra deux heures pour arriver en pleine nuit à la petite clairière. Un trou de sable entre les arbres où il a planté sa tente. Elle aussi, dans cet endroit désert, il l'a à moitié camouflée. Je suis épuisé, trempé, transi.

« Toi, tu vas t'installer là-bas », m'ordonne-t-il en désignant un emplacement à deux cents mètres. Si loin. Je serais bien resté près de lui, à cause de la pluie et des ours dont il souligne sans cesse le danger et qui me terrorisent. Il me dit de dormir avec le couteau dans le duvet. Il a pris la meilleure place, la plus grande, avec des sorties de secours en cas d'attaque. Je suis coincé dans un recoin à peine plat, entre arbres et rochers.

Je sors mon matériel, tout se mouille. Je monte la tente, de guingois. « Installe une bâche au-dessus, il va pleuvoir toute la nuit. » Je ne sais pas faire un nœud, demande son aide. À la lueur de ma torche, je ne vois pas bien ce qu'il fait. « Tu me montreras à nouveau demain, j'ai pas bien vu. » Il m'attrape le bras, serre fort. « Écoute, je te montre une fois, une seule. » Repart.

Les larmes aux yeux, je me glisse dans mon duvet humide. Bien au centre de la tente, à cause des ours. Au milieu, ils ne m'auront pas au premier coup de patte. Je suis si fatigué que je m'endors à peine allongé.

7 heures. Jacques me réveille. Premier jour de quatre semaines d'apprentissage. Je pensais, mes parents aussi, que j'allais camper, pagayer un peu, voir des animaux, apprendre les rudiments de la vie en plein air. Nous ne savions pas que Jacques avait été soldat d'élite puis instructeur, qu'il avait formé à la survie en milieu hostile les premiers nageurs de combat de l'armée française. Depuis des années, il part pour des semaines, des mois, en totale

autonomie dans le Nord canadien ou au Groenland. Se nourrit de chasse, de pêche et de cueillette, n'emportant que le minimum. Filme et photographie la faune et la flore, vit avec les autochtones et raconte ses aventures dans les conférences qu'il donne à son retour.

M'emmener avec lui, je le comprendrai peu à peu, ce n'est pas m'organiser des vacances au grand air mais m'initier à la dure. M'offrir un privilège, les clefs de ces mondes sauvages, inaccessibles à quiconque ignore leurs règles de fer. Voir si j'en suis capable, et digne. Je ne sais pas pourquoi il m'a choisi, moi. Peut-être parce que je suis grand et costaud pour mon âge. Peut-être pour faire plaisir à mes parents. Peut-être à cause de la façon dont je l'écoutais raconter ses exploits, bouche ouverte et yeux brillants. Peut-être parce qu'il n'a pas d'enfant et se cherchait un héritier, un disciple…

Le soleil s'est levé. Nous prenons le temps de sécher nos affaires. De la farine, de l'eau, un peu de levure, il m'apprend à faire cuire des pancakes dans sa minuscule poêle. Pour le petit déjeuner et le déjeuner. Allumer le feu avec des brindilles gardées au sec dans des sacs étanches. Plier le matériel dans l'ordre. L'équipement important sous la main. Le kit minimum de survie : dans un petit sac plastique, une boîte d'allumettes, des lichens bien secs, un couteau, de la ficelle. C'est tout. Ne rien laisser au hasard. Charger le kayak, équilibrer les sacs.

Il m'enseigne les trois éléments fondamentaux : le vent, l'eau et le feu.

Le vent : apprendre à s'en méfier et tenter de le prévoir.

L'eau douce : savoir la trouver et faire des réserves.

Le feu : la clef de tout. « Tu ne sais pas faire de feu, tu crèves ! »

Il garde la boîte d'allumettes, ne m'en donne qu'une. Tu échoues, tu manges froid. Dans cette région, il pleut trois cents jours par an : j'apprends à reconnaître les lichens résineux qui vont s'enflammer même un peu humides. Je rampe sous les troncs de cèdre échoués sur la plage pour leur arracher au couteau des copeaux de bois sec.

Sous la bâche qui protège de la pluie, le foyer comme un petit tipi : lichen au centre, épines sèches, brindilles de cèdre et petites branches. À côté, un petit mur de bois qui va sécher aux premières flammes. Je retiens ma respiration, craque l'allumette. Souffle doucement, longtemps. Le lichen prend, les brindilles s'enflamment, c'est gagné. Au fil des jours, je vais peaufiner la technique, l'améliorer avec des morceaux de carton que je ramasse et garde au sec dans mes poches. Un soir, nous sommes assis sous la bâche tendue entre deux pagaies. Il pleut depuis trois jours. « Tiens, va nous allumer un feu. – O.K., je vais essayer... » Il me prend à nouveau le bras : « Non, ce sont les enfants qui essaient. Pas toi ! »

Nous partons, au ras des îles. Rochers de granit, grandes vagues, plages infinies, chapelets d'îles et d'îlots, forêt à perte de vue, montagnes enneigées au loin. Les paysages sont d'une beauté à couper le souffle. Je m'arrache les bras pour tenter de rester à ses côtés. Il danse avec son kayak, pagaie sans sembler forcer, joue avec les courants, évite les contre-courants, économise son énergie. Parfois, il longe la grève, parfois s'en éloigne. Quand je ne le suis pas, je me pose sur des rochers à fleur d'eau que je n'ai pas vus. Je traverse des champs de kelp, ces grandes algues qui flottent en surface. Soulevées par des vagues, elles emprisonnent la pointe du kayak, se prennent dans le gouvernail. Il faut alors les couper au couteau.

Sur la grève les ours noirs soulèvent d'un coup de patte d'énormes rochers à la recherche de nourriture. Tournent à peine la tête sur notre passage. Le soleil, les arbres géants, les coupes de bois datant du siècle dernier, les eaux glacées et transparentes, j'ai du mal à suivre son rythme mais je découvre une nature splendide, majestueuse, fascinante. « Regarde sur la branche, là, un aigle à tête chauve ! »

Les marées découvrent des couleurs de sable, des rochers envahis d'algues géantes brunes, mauves, grenat. Les flots et les années ont accumulé, en lisière de forêt, des billes de bois blanchies, des troncs d'arbres énormes, des séquoias géants et pins Douglas, comme pour protéger les terres des assauts de l'océan. C'est entre eux que l'on campe, que l'on tend les bâches pour s'abriter. Je voudrais m'arrêter partout, passer derrière chaque rocher, chaque arbre, escalader les montagnes, explorer les fjords, faire le tour de chaque îlot. C'est tellement plus grand, tellement plus beau que tout ce que j'avais imaginé dans mes rêves d'aventure.

Dans un bras de mer, soudain, Jacques me crie : « Range ta pagaie ! Range ta pagaie ! » Sur ma droite puis sur ma gauche, deux nageoires dorsales noires plus hautes que moi. Des orques. Majestés blanches et noires. Ils sont tellement près que je sens l'odeur de l'eau qu'ils rejettent par l'évent quand ils soufflent. Derrière sa mère, un petit tourne la tête. Je vois son œil. Il plonge. Puis je sens sous mes fesses les remous créés par leur mouvement dans l'eau. C'est si beau et incroyable que j'en oublie d'avoir peur. L'impression d'être dans un film, de vivre un rêve, d'être entré dans un de ces livres « dont vous êtes le héros » que je lisais il n'y a pas si longtemps. Il y a trois jours, je regardais la télé à Asnières !

En milieu d'après-midi Jacques commence à scruter la rive. Il faut trouver une cascade, une source, un point d'eau douce pour le bivouac. Dans nos réserves : de la farine, du riz, un peu d'huile, du sucre et de la confiture. C'est tout. Pour manger, il faut pêcher, chasser un lièvre à l'arc, poser des collets, ramasser des algues comestibles, des moules, des abalones, des concombres de mer ou des oursins. Avec une obsession : éviter les odeurs de nourriture qui attirent les ours. Donc cuisiner à deux cents mètres des tentes, se laver les mains en permanence, suspendre les provisions hors de leur portée, à des branches d'arbres. Mais à plus de cinq mètres du tronc pour qu'ils ne puissent pas s'en emparer en grimpant...

Il faut trouver le bon arbre, avec une branche horizontale à cinq mètres de haut. Pas trop gros mais pas trop petit... Résultat : tu fais douze fois le tour du campement, dans une mousse d'un mètre d'épaisseur, au milieu des marécages, dévoré par les moustiques, sursautant au moindre bruit car tu es dans la maison des ours avec un sac de nourriture à la main... Un lièvre qui détale me fait crier de peur. C'est l'une des premières choses que Jacques me laisse faire seul. Corvée de débutant.

En bon étudiant, j'enregistre tout, m'applique à bien faire, reproduis ses gestes, n'oublie aucune consigne. Je prends des notes dans un petit carnet. Crayon à papier à cause de la pluie. Ne pas poser deux fois la même question. Tout en me disant que cela ne me servira sans doute plus jamais, après cette aventure. En écoutant Jacques égrener ces règles de survie, je comprends qu'évoluer ainsi en pleine nature, survivre en solo dans ces immensités, c'est tout le contraire de la liberté insouciante. Le monde sauvage est une prison, un carcan de règles impératives et draconiennes que l'on ignore ou l'on néglige au péril de sa vie. Je n'ai jamais été aussi concentré, attentif aux moindres détails.

Il ne me passe rien, multiplie les exigences, se met souvent en colère. Ce n'est jamais tout à fait bien. Pas question d'avouer que je suis épuisé, que je voudrais bien rester là un jour ou deux pour dormir et me reposer. Que tous les soirs, en glissant dans le duvet, je me demande ce que je fais là et me promets de ne jamais recommencer. Tu parles de vacances... Les copains de la fac sont aussi partis camper, mais sur la Costa del Sol...

Il faut avancer sans cesse. Jacques me montre sur des cartes marines où nous sommes et où nous allons mais ne me dit jamais pourquoi. Il cherche certains animaux, explore une baie à la recherche de baleines, une autre parce que des orques y passent. Il connaît les lieux pour les avoir sillonnés. Il faut pousser « jusqu'à cette baie, je voudrais filmer la colonie de phoques » ou « passer derrière cette île, il y a des loutres ». « Accélère, on va voir des ours. »

Près d'une source, les traces d'une meute de loups. Nous passons une journée à construire, dans un arbre, une plate-forme d'observation. Ne laisser aucune odeur qui pourrait les alerter : tout construire avec des gants, pas facile pour nouer les cordes. Cachés derrière des bâches au crépuscule, nous voyons arriver la harde menée par un grand mâle. Les bêtes boivent, rôdent, reniflent des traces de gibier. Lèvent le museau comme s'ils soupçonnaient une présence. J'ai à peine le temps de saisir mon appareil photo qu'elles ont filé. Jacques, lui, a tout filmé.

Quand nous passons la pointe nord de l'île de Vancouver, plus d'abris. Face à nous, le grand large : les kayaks sont pris dans la longue houle du Pacifique. Dans les creux, des murs d'eau de six mètres. Je ne le vois plus. Il faut se servir de la pagaie comme d'un gouvernail pour dévaler les pentes. Puis d'un coup, ça remonte, comme dans un ascenseur géant. C'est à la fois amusant et effrayant. La seule chose que je redoute vraiment, c'est l'arrivée sur la plage, où un rouleau peut me prendre et me projeter contre des rochers. Guetter et attraper la bonne vague.

L'accostage est délicat mais le lendemain matin il faut repartir. L'océan a forci. Le ronflement des rouleaux m'a réveillé. « Dis donc, Jacques, tu ne crois pas qu'on pourrait attendre que cela se calme un peu ? C'est un peu fort, là, non ? » Il ne répond pas, s'équipe. « Il y a un rythme : toutes les sept vagues, une moins forte. Ne la rate pas. » Il hurle : « Qui ose gagne ! » – devise des troupes de marine –, jette son kayak à l'eau, court derrière, monte à califourchon dessus et passe la barrière de la déferlante. Se retourne, me regarde. Je compte : « Un, deux, trois... sept. » Tu parles, elle est aussi grosse que les précédentes. « Un, deux, trois... » Bon, il faut y aller, Jacques est déjà parti. Je m'accroche au kayak, bats des pieds, la vague le prend, le retourne presque, je monte dessus, pagaie de toutes mes forces... Passé. Mais où est-il ?

Le soir, ivre de fatigue, je m'endors comme une pierre, des ampoules aux deux mains. Ma tente est mieux montée, mon abri – une bâche fixée à deux arbres et deux pagaies – étanche et mon duvet à peu près sec.

Pour traverser le détroit de la Reine-Charlotte et entamer la remontée vers l'Alaska, nous prenons le ferry, une journée de repos. Touristes, motards en Harley, camionneurs, familles. Je dévore des hamburgers au bar, frime auprès de deux adolescentes belges en leur racontant d'où nous venons et où nous allons.

Puis c'est parti pour trente à quarante kilomètres par jour à la pagaie. Jacques – je ne comprends pas pourquoi – évite la plupart des villages où nous pourrions faire escale, sauf quand il faut acheter sucre et farine. Il camoufle les kayaks, m'apprend à effacer nos traces comme si nous étions traqués, à marcher « à couvert » dans la forêt, à travers la végétation dense plutôt que sur les rares sentiers. Pas encore à me noircir le visage avec du bouchon brûlé à la flamme mais je sens qu'il ne faudrait pas trop le pousser... Il me montre comment construire un affût, un abri de tireur embusqué, avec un trou dans le sol recouvert de branchages. Je ne vois pas l'intérêt. Sauf pour salir ses affaires et se faire dévorer par les moustiques.

Alaska, États-Unis. Nous accostons dans la première bourgade américaine pour faire enregistrer notre passage et montrer nos passeports. Cabanes de rondins, bannière étoilée, monstrueux pick-up, jet-skis, hors-bord dans le port. Je serais bien allé manger un morceau dans un bar, un *fish and chips* bien gras emballé dans du papier journal, mais non... Il faut repartir. « Demain, dit Jacques, nous allons récupérer les armes. » Je n'ai pas bien compris, n'ose pas demander. À deux heures de pagaie, un ancien campement de bûcherons, à peine visible, érigé il y a des décennies en bord de plage et abandonné depuis des années. Les toits sont effondrés, les portes enfoncées, les lichens mangent les cabanes.

Jacques cherche une maison à deux étages avec sur le côté une petite serre et un cerisier. La voilà. Nous nous gavons de fruits puis il monte dans le grenier par une échelle cassée et me tend trois colis de bâches huilées. À l'intérieur, une carabine 22 Long Rifle, un fusil de gros calibre pour la chasse à l'ours et un énorme revolver 44

Magnum qu'il avait cachés là des mois auparavant. Pas de question.

Autour du feu ce soir-là il m'apprend à démonter-remonter culasses et percuteurs. Je suis fasciné. J'ai sauté à pieds joints dans l'écran du western. Le lendemain nous achetons quatre boîtes de balles au General Store du village voisin. Nous tirons sur des cibles, des arbres. La 22 LR, ça va, j'adore. Mais le recul du fusil me démonte l'épaule et je peux à peine viser avec le revolver. « Tiens-le bien, à deux mains. »

Comme pour le reste, il ne me dit pas d'où viennent les armes. Je pense à la chasse à l'ours. Mais deux jours plus tard : « Maintenant que tu sais tirer, tu vas m'aider. Je dois aller récupérer de l'argent auprès d'un gars, pas loin d'ici. Un Canadien en cavale, accusé d'avoir tué son frère. Ils sont nombreux dans le coin à se cacher entre les deux frontières. Personne ne viendra le chercher ici. Je lui ai prêté du fric et je ne crois pas qu'il voudra me le rendre. Alors, voilà ce qu'on va faire… » Il me demande « de le couvrir » avec la 22 LR pendant qu'il s'approchera de sa cabane. Avant, on tire dans les fenêtres pour l'impressionner. « S'il voit qu'on est deux, il ne mouftera pas… » Je suis terrorisé : cela va mal se passer, le gars ne sera peut-être pas seul, il va se défendre, nous tirer dessus. Pire : nous allons tuer un homme, être recherchés, peut-être capturés, emprisonnés. Je n'ose rien dire. Je me glisse dans ma tente. N'arrive pas à dormir.

Au matin, ma décision est prise : pour la première fois, je vais lui dire non. Je veux bien tirer à l'arc, au fusil, chasser, apprendre à égorger un lapin au couteau s'il le faut. Un apprentissage de chevalier Jedi, sans le sabre laser. Mais là je sens qu'une nouvelle fois il me teste. Voir jusqu'où je suis prêt à aller, à le suivre. Au fond, je ne suis pas sûr que ce trappeur existe vraiment. Mais c'est là que je mets la limite : risquer de commettre un meurtre, lever une arme sur quelqu'un. Être recherché, fuir, peut-être me retrouver en prison... Je m'imagine appelant mes parents d'une cellule. Au matin je rassemble mon courage : « Je ne peux pas faire ça, je ne veux pas. J'ai peur. »

Il me regarde, sourit presque. Une ombre passe dans son regard. « D'accord, pas de problème. » Il n'en parlera plus. Mais quelque chose a changé. Il devient plus distant, nous nous accrochons pour des broutilles. J'ose discuter des consignes, répondre quand il m'engueule. « Ce sac dans mon kayak, je le mets là parce que je préfère... » C'est peut-être le signe qu'il attendait. Ce soir-là autour du feu, il dit : « Je vais rester par là, des choses à faire. Tu te débrouilles bien maintenant, tu vas rentrer seul à Vancouver. Faut partir maintenant si tu ne veux pas rater ton avion. »

« Comment ça, seul ? Mais je ne peux pas, c'est trop loin. Je vais me perdre... – Non, non. Tu suis bien la côte, c'est facile. Je te laisse les cartes, tu as la boussole. Si ça ne va pas, tu rejoins le premier village et tu paies un gars pour qu'il t'emmène au terminal d'un ferry. Mais je suis sûr que ça va aller. Tu vas très bien t'en sortir. » Impossible de m'imaginer seul dans cette nature. Au moins un mois de voyage. Sans pouvoir lui demander un coup de main, une info : « Est-ce qu'on peut passer par là ? » « Cette plante, elle se mange ? » « Quel appât pour cet hameçon ? » Je m'endors en imaginant comment lui signifier mon refus.

Mais au réveil j'ai changé d'avis. Après quatre semaines de ce régime, sa férule me pèse. L'initiation est terminée. L'idée de pagayer seul, toujours près du rivage pour minimiser les risques, ne me paraît plus si effrayante. J'ai envie de rentrer, de retrouver les miens pour leur raconter tout ce que je viens de vivre, montrer les photos. Épater les amis, les filles...

Il est tôt, un brouillard opaque recouvre tout. De la plage on aperçoit à peine les premières vagues. Mais je suis décidé. Je sifflote, range mon matériel, prépare les pagaies. Même pas peur... Jacques m'observe en coin. Il ne faudrait pas trop insister, me semble-t-il, pour qu'il revienne sur sa décision. Mais maintenant, c'est moi qui veux partir. Un dernier coup d'œil sur la carte, il m'aide à fixer le premier cap. « Allez, on se voit à Asnières... Bon retour. »

Comme dans un rêve, l'étrave du kayak découpe la brume. Je sais où je vais, j'ai des provisions pour quelques jours. Je rentre chez moi. Il ne fait pas froid. Je souris. Rien ne peut m'arriver. Je pagaie pendant des heures. Seul, libre. Le rythme des coups de pagaie, le clapot contre la proue, l'odeur des forêts et de l'océan. Je m'arrête dans tous les villages, chez les Indiens, parle aux gens, m'émerveille des grands totems sculptés.

J'achète un pot de beurre de cacahuète que je coince entre les genoux et avale à grands coups de cuillère entre deux coups de pagaie. En fin d'après-midi je plante la tente sur une plage, près d'une source. Où je veux. Je pêche de grosses moules que j'accommode avec du riz. Le soleil se couche sur la montagne, il fait bon. Maître du monde.

J'ai à peine terminé le repas qu'un fracas de branchages me fait tourner la tête. L'ours est là, à trois mètres. Un noir, gros mâle tout en muscles. Il se dresse sur ses pattes : plus grand que moi. Tourne la tête, me regarde fixement. D'un œil, puis de l'autre. Il ouvre la bouche, tire la langue, hume l'air pour mieux sentir mon odeur.

D'abord pétrifié, je me mets à hurler : « Va-t'en ! Va-t'en ! Ouh ! Ouh ! » C'est pas vrai ! Pas ce soir, le premier soir... Parce que je suis seul ? Jacques savait-il comment les tenir à l'écart ? Mon Dieu, que faut-il faire ? Je serre le manche de mon coutelas sans oser le sortir du fourreau. Je pense à lui jeter des pierres... Non, ça va l'énerver. L'arc est dans la tente. De toute façon, aussi près, il ne m'aurait servi à rien. Je reste immobile, crie encore. Je me souviens des règles édictées par les rangers canadiens : s'il approche, se recroqueviller, se mettre par terre en chien de fusil, les mains sur la nuque pour se protéger. L'ours va peut-être te retourner, te sentir et puis partir... Mais je ne peux pas faire ça. Je suis pétrifié, incapable de bouger. Il faudrait peut-être que je me jette à l'eau et nage... Mon instinct me dicte de lui faire face. « Ouh ! Ouh ! Va-t'en ! »

Soudain, il se remet à quatre pattes et, lentement, passe devant moi, continue sur la plage sa recherche de nourriture. Je m'assieds par terre, tremble de tous mes membres. J'allume un grand feu pour me calmer, faire quelque chose. Il est parti mais s'il revenait ? Je rentre sous la tente, le couteau dans le duvet et finis par m'endormir, épuisé par le stress.

Jacques m'avait expliqué que les grizzlys, les plus gros, ne sont pas forcément les plus dangereux. Ils sont omnivores, dévorant baies, fruits, saumons et animaux, et sont souvent rassasiés. Mais l'ours noir est carnivore, très chasseur. Il court vite, nage bien et monte aux arbres comme un singe. Alors que la règle face à un grizzly est de faire du bruit pour l'effrayer, face à un ours noir il faut se taire et le laisser passer. J'ai fait exactement l'inverse...

Le lendemain le brouillard s'est levé. Je repars tôt, pagaie toute la journée, porté par un enthousiasme, une force que je n'avais jamais ressentis. J'ai vaincu ma peur, fait face à l'ours, affronté mon angoisse. Je suis immortel. Le jour d'après, dans un profond chenal, une baleine à bosse et ses deux petits m'accompagnent longtemps, jouent avec mon étrave. Je leur parle, crie de joie.

Pour la première fois je me sens faire partie de ce monde, comme si j'y avais trouvé ma place, si je commençais à le comprendre. Mais en même temps je meurs d'envie de parler, revoir mes amis, raconter mes aventures. Après ces semaines de tête à tête avec Jacques, à éviter la civilisation, « marcher à couvert », je m'arrête dans les villages. Je m'y repose, discute, achète de la nourriture toute prête, du chocolat, des barres Twix, reste au chaud et à l'abri s'il pleut.

Un après-midi, j'arrime le kayak à un ponton de cèdre. Quatre maisons, peut-être une réserve indienne. Trois pêcheurs à la ligne, deux pick-up, un saloon, bicoque sur pilotis. J'entre. Aux murs, des trophées de pêche, têtes d'ours empaillées, pubs Budweiser, photos du patron hilare tenant dans les bras un saumon géant. Je ne bois pas d'alcool mais dans une telle ambiance je n'ose pas commander un coca. Il faut une boisson d'homme. Une bière, Sam Adams Light. Je trempe les lèvres : vraiment pas bon...

Dans un coin, seul à une table, un géant avec des bras comme des cuisses, une barbe à la ZZ Top. Sale comme un peigne, tatouage Harley Davidson, des mains à étrangler les ours, il fait tout seul des tours de cartes, qui volent entre ses doigts étonnamment agiles. Je le regarde, il fait signe d'approcher. Enchaîne les tours, qu'il commente d'une petite voix douce, étonnante dans un corps pareil. Il m'apprend quelques trucs, m'offre le jeu de cartes, quitte la pièce en souriant.

Au fil des jours je prends des libertés avec les règles de Jacques : je range moins bien la nourriture, installe le camp plus sommairement. Jusqu'à un soir où, fatigué, je néglige de monter la bâche au-dessus de ma tente. « Bah, il ne va pas pleuvoir... » Trombes d'eau en pleine nuit : les gouttières se multiplient, je sors chercher la bâche laissée dans le kayak. Mais l'océan est monté bien plus haut que je ne l'aurais cru : c'est la pleine lune, la marée la plus forte de l'année. J'aurais dû le savoir mais je n'ai pas regardé les tables.

Pas attaché, le kayak a été emporté. Disparu. À la lueur d'un éclair, je l'aperçois : au milieu de la baie ! Pas le choix : je me déshabille et pars le chercher à la nage à travers des champs de kelp, ces grosses algues qu'on peut manger en salade. Qu'est-ce qu'elle est froide ! « Crétin, crétin, crétin ! » Arrivé au kayak, il est à moitié rempli d'eau : je peine à monter dedans, le ramène sur la rive. Entre-temps, la tente s'est effondrée sous le poids de l'eau, tout est trempé. Un petit ruisseau de boue coule à travers... Pour attendre le jour, j'enfile ma combinaison de plongée, coiffe un chapeau de pluie et m'enroule dans la bâche, dos à la mer et face à la forêt, au cas où un ours viendrait parachever le désastre. Je ne ferme pas l'œil. Le lendemain matin, la pluie cesse. J'avais mal fermé les sacs étanches : le fond du kayak est repeint d'un mélange d'eau et de farine. Deux jours pour nettoyer et faire sécher. Je me maudis.

Je comprends que dans cet univers la seule solution pour survivre est d'appliquer à la lettre les règles de Jacques. Si elles sont contraignantes, c'est qu'il y a une raison. Faire les choses soigneusement, ne rien négliger, être méticuleux et méthodique ou en payer le prix. Toujours attacher le kayak.

Un après-midi face à une forêt de séquoias, je m'offre une randonnée en montagne. Le long d'un sentier à peine tracé entre les arbres, je cueille des baies. J'aperçois une harde d'élans, je cours sur les rochers pour m'en approcher et faire des photos. Et je glisse sur une pierre, partant la tête la première dans un éboulis. Je déchire mon pantalon et m'ouvre le bras mais m'en sors bien. Si je m'étais cassé une jambe ? Rien pour donner l'alarme ou appeler à l'aide. J'aurais servi de repas aux ours et aux corbeaux.

De retour au camp, je fais un pansement et, faute de provisions qui sont presque épuisées, je tente de pêcher. Rien ne mord. Ce soir, ce sera soupe de kelp... et salade de kelp. Le lendemain, pareil : rien à glaner dans les forêts, pas de moules, pas d'oursins. La seule chose que j'arrive à attraper ce sont des concombres de mer, sorte d'holothuries immangeables.

Après trois semaines de rêve passées à pagayer des heures durant, à dormir comme un loir, à pleurer de joie, parfois, face aux beautés qui m'entourent, j'arrive dans un petit port au nord de l'île de Vancouver. Je suis affamé : pour mon premier « dîner », je commande un énorme steak. Des patates, du gâteau. Je démonte le kayak, raconte mon odyssée à trois petits vieux admiratifs.

Quelques heures plus tard, bus, coup de ferry, et c'est la capitale de la Colombie-Britannique. Voitures dans les rues, grands immeubles, foule aux passages pour piétons... Je lis toutes les publicités, tous les textes qui me tombent sous les yeux. J'ai envie d'arrêter les gens pour leur raconter ce que je viens de vivre. Je suis épuisé, amaigri de dix kilos mais fier d'avoir parcouru seul une si longue distance. Jacques m'en savait capable, il sera fier de moi.

Dans le quartier du port, je repère un petit hôtel. « Chouette, il y a une fontaine publique tout à côté. » Je pose mes affaires, attrape ma gourde, descends les trois étages, sort dans la rue. Ce n'est qu'une fois la gourde remplie, avant de boire, que je réalise que j'ai un lavabo dans la chambre...

À l'arrivée à Roissy, je sors du terminal en oubliant mes sacs, avant de retourner les chercher. Parents et petite amie ne reconnaissent pas, dans ce grand gars tout maigre avec ce drôle de bonnet, celui qu'ils ont quitté il y a deux mois. Je les soûle de paroles, me précipite pour faire développer les photos, les montrant à tout le monde.

Je suis ravi, intarissable sur les beautés de cette nature sauvage, les baleines, les ours, les merveilles du Grand Ouest. Je ne raconte pas à quel point ce fut dur, éprouvant, effrayant parfois. Je ne l'avouerai à mes parents que des années plus tard. Je ne veux garder que les bons souvenirs. Mais je reste persuadé que ce n'est pas pour moi. Et à tous je demande : « Si jamais je vous reparle d'expédition, ne me laissez pas faire ! »

2

Le goût de l'aventure

Rentrée universitaire. Deuxième année de « Science et structure de la matière », Paris-VI. J'ai réuni mes photos dans une espèce de press-book que je montre à tout le monde, même quand on ne me le demande pas. Certains ne me croient pas vraiment, pas grave. J'en garde le souvenir d'une aventure extraordinaire, pour laquelle je n'étais pas assez préparé. Mais le virus est en moi. Je ne rêve pas d'y retourner, c'était trop dur, mais quand même...

J'oublie les douleurs, les difficultés, les frayeurs pour ne garder que les moments les plus beaux, les plus intenses. Les baleines, les orques, les loutres, le soleil, les nuages, le brouillard, les pins géants, les vagues, les rochers, le kayak qui glisse, mon haleine dans la brume, l'odeur de l'océan, le souffle du vent ; la respiration du monde. Une seule chose va me hanter : les ours. Ils peupleront longtemps mes cauchemars. Je rêve que je traverse une forêt sombre et dense, avec ma sœur et mon frère, plus jeunes que moi. Les branches craquent, les ours grognent, nous entourent. Je n'ai pas d'arme et je dois les protéger.

Deux mois plus tard, Jacques passe à la maison. « Ça va, mon gars, c'était bien le retour sur Vancouver ? » Sur le même ton qu'il aurait dit « Ça va, la fac ? » « Oui, oui, pas de problème... » Il sourit, ne donne pas les détails à mes parents, moi non plus. Nous sommes une famille de randonneurs, d'amoureux du plein air. Mes parents, quand nous étions enfants, nous avaient emmenés au cap Nord, deux mois en camping-car. Merveilleux souvenir.

Ma virée canadienne a laissé des traces : parisien, je réalise à quel point j'ai besoin de grand air. Je commence, avec ma petite amie, à sillonner les sentiers de grande randonnée, les GR. Les week-ends, les vacances, nous marchons, longtemps, campons dans les forêts par tous temps. Les itinéraires ne sont jamais trop durs, trop longs, trop exigeants. Le fameux GR 20, sur les crêtes de Corse. Un peu éprouvant pour ma compagne : je reviens et le termine seul, au pas de charge.

À la fac de Jussieu j'explore les toits, les recoins cachés, les sous-sols en pleine nuit. J'y retrouve l'excitation de la découverte : révéler derrière un mur de parpaings un souterrain qui mène aux catacombes, comme un passage entre des îlots inconnus en Colombie-Britannique, c'est découvrir, explorer, s'émerveiller.

Les études se passent bien, je suis major de ma promotion. Sur les rails pour devenir chercheur ou ingénieur. Une réussite plutôt inespérée vu mes piètres résultats de collégien et lycéen. Il faut satisfaire les attentes et les espoirs de mes parents. Devant moi, une voie tracée, une vie rangée, bientôt une famille.

Un effet caché de cette première aventure ? Plutôt la liberté qu'offre l'université. Un système qui a bien des défauts mais une primordiale qualité, permettre à chacun de s'organiser à sa guise. Le seul jugement, ce sont les examens en juin. Entre-temps, gère ton temps et ton effort comme tu veux. J'y retrouve ce que j'avais aimé, seul dans le kayak : tu es libre, à condition d'en accepter les risques. En plus avec l'informatique, le plaisir d'apprendre des choses qui viennent à peine d'être découvertes, de défricher des champs nouveaux, le sentiment d'explorer des terres vierges. Sur les traces de Steve Jobs ou Bill Gates, à défaut de Magellan ou Charcot.

Je tente de toutes mes forces de m'adapter à cette vie qui m'attend. J'essaie de me convaincre que c'est bien, que je vais pouvoir être heureux. Ma compagne de l'époque rêve de s'installer, pourquoi pas un bébé. Je ne sais que lui dire, mal à l'aise. Un sentiment latent d'insatisfaction que je n'arrive pas à formuler, à comprendre. Je devrais être ravi, satisfait, optimiste et je ne le suis pas. Je ne m'épanouis que dans la découverte, mes petites aventures clandestines ou l'effort physique en pleine nature. J'ai choisi la voie scientifique un peu par hasard, cela me correspond et j'y réussis, mais n'est-ce pas un choix par défaut ? Parce qu'au fond de moi, si jeune, je ne savais pas vraiment ce que je voulais faire de ma vie ?

Après ma maîtrise je pars à Strasbourg, en DEA d'Informatique graphique. Je trouve dans cette matière balbutiante une nouvelle aventure intellectuelle : tout est à inventer, personne ne comprend bien comment cela marche. On devine un potentiel incroyable. Aux États-Unis, en Europe et au Japon, une nouvelle génération de chercheurs pose les jalons de mondes à venir. Je veux en être. En tout cas, c'est stimulant.

Je trouve un appartement mais il ne sera pas prêt avant janvier : pas grave, je le prends. Je m'installe, en attendant, sous ma petite tente de randonneur au modeste camping « de la Montagne verte », non loin du centre-ville. Pas très pratique pour travailler, surtout les jours de pluie, mais bon... Malgré des coups de blues, j'aime bien la vie sous tente. Douche dans les toilettes collectives avant de partir à la fac. D'une certaine façon, cela ne me déplaît pas d'être à la marge. Le plaisir de ne pas faire comme tout le monde. Tête des secrétaires et des camarades quand je donne mon adresse... Découverte d'une autre vie : les nomades en France. En Alsace au camping, en novembre, il ne reste plus que les Roms, les très pauvres, les Tziganes ou les marginaux.

Un soir, explorant et photographiant une usine abandonnée, je remarque un homme au bout du quai. La démarche chaloupée d'un Inuit. Casquette de marin, manteau de laine, petite barbe, bouille ronde, les yeux brillants, il s'adresse à moi en alsacien. Je ne comprends pas, il continue en français. Il s'appelle Jempes (Jean-Pierre).

« Tu fais des photos ?

– Ben oui...

– Tu sais, ici, c'était un grand entrepôt d'armement des péniches, la compagnie Seegmuller. Elles partaient pour toute l'Europe, l'Allemagne, la Belgique. Une vraie ruche. J'y ai bossé des années, je connais chaque recoin. Je te montre si tu veux... »

Je le suis, il raconte des histoires de mariniers, d'après-guerre, de labeur. « Viens par là... » Il pénètre en baissant la tête dans un passage entre deux haies. Derrière, invisible de l'extérieur, une petite place ronde. Un hangar, des baraques, cabanes de palette, tôle, carton. « C'est notre village. Faudra pas trop en parler dehors... » Camouflée dans les hautes herbes, une tribu d'une vingtaine d'hommes et quatre femmes vit selon ses règles. Un monde parallèle à moins de dix minutes des boutiques de luxe.

Au centre du bidonville, les restes d'un entrepôt transformé en cantine : toit en fibrociment, portes métalliques, quatre tables avec leurs bancs, une cuisinière et sa bouteille de gaz. Jempes s'adresse à ses potes : « C'est Nico qui est là, il fait des photos. Il va manger avec nous... » Signes de tête, sourires. Pain, jambon, yaourts. Ils parlent un sabir d'allemand, de français et d'alsacien. Je réponds avec les mains et mes bribes d'allemand scolaire. Dans la communauté les tâches sont clairement réparties : personne ne travaille mais chacun fait la manche et tout est mis en commun. Des magasins donnent des invendus, des produits presque périmés. Je me souviens maintenant, j'ai déjà vu Jempes tendre la main près de la cathédrale, assis à côté d'une bougie. Je raconte la fac, les photos, mes voyages. Ils me préviennent : pas de drogue ici, mais si je veux apporter du rouge...

Un bidon de cinq cents litres a été transformé en brasero qui brûle au centre de la place. Je pense au village d'Astérix, visite les cabanes, demande chaque fois si je peux photographier. À l'intérieur, deux personnes, parfois des couples, des lits faits de palettes, des meubles de récup, des étagères de planches disjointes, des fenêtres de plastique. Pas de chauffage. Je promets de revenir leur apporter des tirages. Jempes me prévient : « Tu es le bienvenu, viens quand tu veux. Mais sois discret et tu dois être parti à 18 heures. Il n'y a pas de drogue chez nous mais le mélange rouge-coca échauffe vite les esprits... »

Je rentre dans mon studio, passe une partie de la nuit à développer et tirer dans le lavabo des dizaines de photos, surtout les portraits. Le lendemain matin, trois heures de cours puis je retourne les voir. Ils sont ravis, les clichés passent de main en main. On m'offre du mauvais café, des gâteaux. Certains se confient ; vies de malchance, ruptures, abandons, alcool. Je remarque la main bandée de l'un d'eux. « J'ai été mordu par mon chien... » Le pansement est marron, sale.

« Tu veux que je t'aide à le changer ?

– Tu sais faire ça ?

– Ben ouais, j'ai un brevet de secourisme. »

Je pars acheter une bande et de la Bétadine à la pharmacie. Mais la blessure est ancienne, le bandage n'a pas été changé depuis des semaines, il colle à la peau. Je commence, asperge de Bétadine, il crie de douleur. Très vite, l'odeur est atroce... « Bon, là, je crois qu'on va aller aux urgences... » Je vais chercher ma vieille R5, direction l'hôpital. Il est pris en charge, j'attends dans le couloir. Deux heures plus tard, l'infirmière : « Vous êtes de la famille ? » Je réalise que je ne connais pas son prénom. « Pas vraiment... – Bon, parce que ce n'est pas la peine d'attendre là, on va le garder. »

Au fil des semaines, je reviens les voir. J'apporte de nouvelles photos, repars les bras chargés de victuailles, la tête pleine de récits. Un dimanche, autour du feu, Jempes m'explique que sa fille vit à Strasbourg. « Elle est coiffeuse dans le centre-ville, je ne l'ai pas vue depuis des années. Tu ne voudrais pas lui donner de mes nouvelles ? Je n'ose pas y aller, ça la mettrait mal à l'aise, peut-être, devant la patronne... » Il me donne le nom du salon. Un samedi matin : « Bonjour mademoiselle, je viens de la part de votre père. Il est ici, à Strasbourg. Il voudrait vous voir, si vous le voulez bien. Je peux vous emmener. » Le lendemain je passe la chercher, elle pénètre derrière moi dans le petit passage de verdure. Ils s'embrassent, pleurent, rient, parlent pendant des heures. Je les laisse, demande des nouvelles du gars à la main bandée. Personne ne l'a revu.

Un dimanche matin, trois mois plus tard, deux camions de police sont garés sur le quai. Je joue les promeneurs. Quelque chose ne va pas. Derrière les fourrés, le campement a été ravagé, comme parcouru par une tornade.

Baraques effondrées, cuisinière renversée, tables cassées. Deux gars sont assis par terre. Tout ce que j'arrive à comprendre, c'est que Jempes est à l'hôpital. Je vais le voir. Il a posé sa casquette de marinier sur un bandage qui lui enserre la tête. Ému de me voir, les larmes aux yeux. « Un jeune gars est venu, il avait l'air sympa, on l'a autorisé à rester chez nous. Mais on a vite compris qu'il dealait, alors un soir on l'a attrapé et on l'a attaché à un arbre, toute la nuit. C'était une connerie, parce que dès qu'on l'a détaché il est allé chercher de l'aide auprès d'une bande à côté. On s'est battus. Les flics ont débarqué et arrêté tout le monde. »

Parmi les copains de Jempes, des repris de justice mais aussi des fugitifs allemands, souvent des gars recherchés pour non-paiement de pensions alimentaires ou de petites condamnations. Des camions, des ouvriers sont venus, tout a été rasé. Je ne sais pas où ils sont passés. À l'hôpital, tout ce qu'on m'a dit, c'est que Jempes était sorti. Sa fille non plus n'a pas de nouvelles. À la place du village gaulois, les travaux d'un cinéma multisalles.

À la fac, je fais la connaissance de Philippe. Originaire des Vosges voisines, il anime avec son père un club de randonnée un peu spécial, « Dépassement ». Le but, pour cette équipe de solides montagnards et joyeux fondus, consiste à s'aguerrir en effectuant, de préférence de nuit, en plein hiver et dans la neige, des raids à ski, des courses dans le lit de torrents, des bivouacs sans tentes, d'exténuantes randonnées. Je découvre « l'azimut brutal » : un point de départ, un point d'arrivée, une ligne droite à travers monts et forêts, dont il ne faut s'éloigner sous aucun prétexte. Franchir tous les obstacles. Un matin, je me réveille dans mon duvet, à moitié immergé dans l'eau d'un fossé. Je n'aimais pas le sport scolaire, n'y brillais pas mais là c'est un régal. L'effort en liberté, hors des stades, sans les limites d'un terrain, d'un arbitre et des règles incompréhensibles. On fait des courses, des mini-raids de trente, quarante kilomètres. Parfois quatre-vingts. Je termine rarement le premier, toujours le plus heureux. Pas bien équipé, jamais froid.

À Strasbourg j'entraîne une dizaine d'amis, étudiants ou professeurs, dans des explorations d'usines abandonnées, de sites oubliés, de friches industrielles. Petites aventures, visites clandestines, frissons du week-end. Nous dormons dans des châteaux en ruine, escaladons les grues du port fluvial, la façade de la cathédrale, traversons à la nage les douves d'un ancien fort militaire pour y passer la nuit. Je pars souvent seul en reconnaissance pour revenir quelques jours plus tard et les guider dans ces lieux insolites. J'ouvre la voie, réserve des surprises, prépare des défis et des bivouacs insolites.

Aux vacances de Pâques, je propose à mon frère Frédéric, 20 ans, une expédition en kayak : trois semaines sur les côtes nord-ouest de l'Écosse. En fait, c'est lui, sentant que quelque chose ne tournait pas rond, que j'avais besoin d'air, qui a insisté pour que nous partions. J'en suis ravi, je rêvais depuis longtemps de voir les fameuses vaches écossaises à poil long, les paysages mythiques de la lande écossaise, le château fort sur l'île de Skye. Envie de retourner pagayer en pleine nature.

Pour ma deuxième expérience en kayak, c'est la bérézina : il pleut sans discontinuer. Un crachin dru et opiniâtre, qui pénètre tout. Nos pauvres cirés de marins nous protègent mal, nous sommes trop lourdement chargés, trempés en permanence. Mal équilibré, le kayak embarque de l'eau. Il faut monter la tente dans des marécages, des tourbières. Rien pour se mettre à l'abri. Les duvets sont des éponges, les vêtements moisissent. Pas moyen de pêcher, rien ne mord. Pour de brefs répits, nous séchons hommes et équipement dans des villages. Je tente, comme j'ai vu Jacques le faire, de filmer et de photographier : les résultats sont affligeants. Pourquoi ai-je entraîné mon frère dans une telle galère ? Pour la première fois, je me pose la question. Au fond, pourquoi faire cela ? Il fait froid, il pleut, c'est épuisant. Rapporter des images ? Pour l'aventure, les histoires à raconter ? Frimer, épater les filles, rigoler ? M'identifier à Jacques ? Prouver quelque chose à mes parents, aux autres, à moi-même ?

Quelques semaines plus tard, mes amis vosgiens proposent un raid à ski de trois semaines en Suède. La Kungsleden, la « Voie royale », quatre cent vingt-cinq kilomètres à travers les vallons et les forêts du nord du pays. Cela commence par ce petit avion qui nous emmène à Jokkmokk. Il s'élance, tente de décoller... Revient au hangar où un camion l'arrose d'un liquide orange, de l'antigel. Le temps est mauvais, le vol chahuté. Piste d'atterrissage : du blanc entre deux rangées de sapins. Il se pose, part en glissade sur la droite, sur la gauche, s'immobilise en travers.

Première expérience hivernale. Je découvre la neige, l'ambiance arctique. Grisé par le froid, l'effort, l'immensité glacée. C'est grand, c'est fort, c'est beau. Je suis à l'aise, vite dans mon élément : j'adore tirer la pulka, ce traîneau individuel dans lequel on transporte tente, vivres et matériel. Pourtant elle est rustique et mal adaptée. Construite en aluminium, avec le froid elle colle à la neige à chaque arrêt. Tellement lourde que l'on doit la tirer à deux. Mon équipier fait la moitié de mon poids. Bon coureur à pied, moins à l'aise pour s'atteler à cent kilos de charge dans deux mètres de neige. Mais tout va bien : malgré un équipement basique, je n'ai pas froid, pas mal aux pieds, ni aux muscles. Les premiers glaçons dans la barbe, comme sur les photos d'explorateurs polaires de mes rêves d'enfant. Le bonheur de gravir une butte pour découvrir un nouveau paysage, une nouvelle colline de neige et de glace. Toujours un peu plus loin.

Avec les mêmes compagnons, à skis de randonnée en Alaska. Nous traversons les Talkeetna Mountains sur trois cents kilomètres. Fabuleux, l'aventure à la Jack London. Des mètres de poudreuse, la progression est difficile. Je demande quels sont ces fils que nous devons enjamber : les câbles électriques, à trois mètres du sol en été... Grandes forêts noires, rochers majestueux, magie de l'Amérique. Un matin, en haut d'un col, nous tombons sur un troupeau de bœufs musqués, animal préhistorique aux longs poils sombres. Ils nous voient et forment le cercle de défense : les jeunes et les plus âgés au milieu, les mâles autour.

La nuit tombe vite : il faut s'éloigner, monter les tentes, faire fondre de la neige, manger. Vite dormir. Le froid se fait mordant : moins 20 °C, moins 30 °C, c'est encore gérable. Mais, à partir de moins 35 °C, la peau gèle en quelques minutes. Il faut lutter contre l'humidité. Il faudrait ne pas transpirer : en refroidissant, la sueur gèle et glace le corps. Le problème, c'est que dans la poudreuse l'effort pour tirer la pulka est tellement intense que l'on doit s'arrêter avant chaque montée pour se découvrir, parfois jusqu'à être torse nu. Tout faire pour éviter de se mouiller. Se rhabiller une fois au sommet.

Aux pieds, une première paire de chaussettes, un sac étanche – comme pour emballer les produits frais dans le réfrigérateur –, une deuxième paire de chaussettes, puis un chausson et les coques rigides. Ainsi, la sueur reste contre le pied mais ne mouille ni la seconde paire ni le chausson.

Mon thermomètre ne marque plus rien : au-delà de moins 55 °C, le mercure se recroqueville dans la petite boule. Pour la première fois je m'approche d'un feu de bois sans en sentir la chaleur. La moindre particule humide se change en paillette de glace qui flotte dans l'air. Respirer, même par le nez, est douloureux. Les larmes gèlent instantanément, les cils collent aux paupières. Il faut un masque en néoprène pour le bas du visage, des lunettes de ski sur les yeux. Aucun morceau de chair ne peut être exposé. Aux mains, gants en polaire, moufles en duvet, surmoufles en Gore-Tex. Passer de moins 20 °C à moins 55 °C procure autant de sensations que de passer de plus 35 °C à 0 °C. Dans un congélateur ordinaire, jamais plus bas que moins 26 °C.

Pas fermé l'œil de la nuit : mon matériel a atteint ses limites. Je n'ai pas l'argent pour acheter ce qui se fait de mieux, de plus chaud et étanche. Habillé de pied en cap dans le duvet, je grelotte en attendant le jour. En théorie, il vaut mieux être nu dans son duvet. Mais le mien n'est pas assez chaud. Emprisonné dans une croûte de glace. Par l'ouverture, je sens comme une pointe glaciale me piquer le visage. La respiration de la nuit s'est changée en stalactites au-dessus de ma tête.

Pour pouvoir se laver les dents, il faut dormir avec le dentifrice dans le duvet, faute de quoi il est dur comme de la pierre. Toutes les batteries et piles contre le corps, surtout celles de l'Iridium, le téléphone satellite, la ligne de vie en cas de pépin. Les plastiques cassent, les élastiques se détendent, l'eau met un temps fou à bouillir. Des allumettes, pas de briquet : le gaz gèle.

6 heures : le soleil blafard ne réchauffe rien. Je ne tiens plus en place. Je sors du duvet, remets les sacs de congélation aux pieds. Ils sont troués : pas grave, je ne vais pas déranger tout le monde pour en prendre des neufs. Personne ne bouge. Je ne sais pas s'ils sont morts de froid ou s'ils dorment. La fermeture éclair me colle aux doigts. Je sors de la tente, chausse les skis et pars dans la montagne. L'aube arctique éclaire l'est, le ciel passe du bleu nuit au rose, en passant par un violet piqué d'étoiles.

Bouger pour se réchauffer : je monte dans la forêt. Le froid me mord les pieds, j'accélère le rythme. J'espère revoir les bœufs musqués ; je tombe sur une mère orignal et son petit. Cet élan géant au pelage brun peut faire trois mètres au garrot. Je m'approche, sens presque son haleine, mitraille la scène. J'enlève mon masque en néoprène : avec le froid, l'appareil photo colle à la joue. La maman, inquiète, brame et menace de charger. Je bats en retraite, radieux.

Cette petite aventure m'a occupé, j'ai moins froid aux pieds, je ne sens plus rien. Première leçon polaire : quand on n'a plus mal, c'est mauvais signe. Je rentre d'Alaska avec mon premier trophée : deux orteils gelés qui se remettront vite.

Au camp, le jour s'est levé. Mais il a fait tellement froid que personne n'a dormi, même les mieux équipés. Lentement, la température remonte. Il ne fait plus que moins 30 °C. Nous sommes épuisés : petit déjeuner et chacun se recouche. Journée au chaud, pour reprendre des forces. Nous touchons au but : j'ai survécu au très grand froid. Pire, j'ai apprécié.

Quelques semaines plus tard, j'entraîne deux amis de Strasbourg dans une expédition de trois semaines en kayak dans la baie du Prince-William, en Alaska. J'en fais de plus en plus : en été, en hiver, je pars dès que possible. Besoin de la neige, du froid, de l'effort, de la découverte.

Je prépare ma thèse (« Animation par déformation de l'espace-temps »), la soutiens avec succès. C'est une étape importante, j'en suis fier. Dominique, ma directrice de thèse, a compris que j'avais besoin de liberté. Elle m'a laissé créer, inventer de nouvelles techniques, m'échapper au loin. Pour aider ce drôle d'étudiant, toujours en partance. C'est un bonheur mais je n'arrive pas à vraiment me réjouir. De plus en plus je perçois que la vraie vie est ailleurs, là-bas au Nord. Besoin d'y retourner sans cesse.

Sur les conseils de Jacques je contacte l'agence parisienne Grand Nord Grand Large, spécialisée depuis le début des années 1980 dans les voyages polaires. J'ai déjà croisé son fondateur, Jean-Luc Albouy. Dans ma lettre de motivation, j'écris : « Ma conception du voyage correspond de toute évidence à la vôtre. C'est pourquoi je désire commencer cette aventure avec vous en qualité de guide. » La recommandation de Jacques a dû être efficace, j'ai rapidement un rendez-vous. Jean-Luc Albouy me propose d'accompagner pour lui, pendant deux mois, des groupes de kayakistes dans la région. Je n'ai jamais guidé autre chose que de petits groupes d'amis mais je m'en sens capable.

Deux jours plus tard je retrouve, assis sur une chaise en plastique au bord du fjord du Viking Erik le Rouge, Didier, le guide que je dois remplacer. Auprès de lui, pendant cinq jours, j'apprends les rudiments du rôle d'accompagnateur. Je note tout : pourquoi passer par ici et non par là, comment décrypter l'écume sur le sommet des vagues et y déceler un vent de force quatre qu'il ne faut pas tenter d'affronter, que faire si un membre de l'expédition a trop peur et panique, comment prévoir les quantités de nourriture, l'équipement du bivouac ou la trousse de secours. Les règles que Jacques m'a inculquées, à la dure, doivent être adaptées : pas question de faire subir à un groupe de touristes payants, même aguerris, ce que j'ai enduré avec lui.

Didier m'apprend comment s'imposer au sein d'un groupe. Car les enjeux changent : emmener des amis, c'est sympa et facile. Guider des clients qui ont payé pour un service, c'est autre chose. Certains ont économisé des années. Pas question que l'expédition ne soit pas à cent pour cent réussie.

Après quatre jours en duo, Didier nous quitte dans un village. D'un coup, je suis en charge d'une dizaine de touristes. Certains pagaient pour la première fois. J'ai les cartes marines, la boussole, mes expériences en solo. Je prépare petits pains et pancakes, monte les tentes, pêche et cuis les saumons. Primordial, le dîner. Je ne sais pas cuisiner grand-chose mais je pêche et chasse, cela compense. Nous glissons entre les icebergs, saluons les baleines, apercevons des caribous, dormons sur les plages, longeons des falaises d'où dégringolent des cascades. Un goût de la vie des chasseurs-cueilleurs du paléolithique. En juillet-août le Groenland regorge de myrtilles, de camarines, de cèpes. Il suffit de tremper un hameçon pour ramener morues, flétans, ombles arctiques, capelans... Un matin j'aperçois, dans la montagne au-dessus du camp, une tache blanche qui bouge et se cache derrière un rocher. Nom de Dieu, un ours ! Je n'en parle à personne pour ne pas les affoler. Je regarde, m'approche en restant à bonne distance... « Bèèè » ! Une brebis isolée.

J'apprends aussi à gérer les risques car voyager en groupe est dangereux. Seul, on se sait fragile. À plusieurs, on peut avoir le sentiment d'être immortels. Et l'Arctique recèle bien des pièges. L'un des plus terribles est le vent catabatique, courant froid gravitationnel qui accélère en descendant les pentes de la calotte glaciaire.

Au dernier jour d'une randonnée, je décide d'établir le camp sur une petite plage coincée entre deux falaises, à l'orée d'une splendide vallée glaciaire près de Narsarsuaq. Il fait beau, étrangement chaud. Le vent se lève, nous plantons les tentes. Même si cela ne semble pas nécessaire j'attache, comme me l'a appris Jacques, les kayaks à un tronc d'arbre. La brise forcit, passe en quelques minutes de force deux-trois à onze. Le sable balaie la plage, m'écorche le visage. Je vois les tentes se coucher sur leurs occupants, dont je devine les silhouettes dans les duvets. Je marche à reculons pour me protéger. Les bourrasques soulèvent les kayaks, les retournent. Je passe une partie de la nuit allongé sur les embarcations. Pas eu le temps de retourner au camp pour rassurer les clients. Au matin, tout est calme, le soleil brille. Le lendemain, à l'aéroport, nous apprenons que les rafales ont dépassé deux cents kilomètres/heure. Mais il n'y a pas eu de casse. J'aime expliquer, raconter, rassurer. Je suis devenu guide et tout s'est bien passé.

Je poursuis ma carrière universitaire : nommé maître de conférence, je pars à Poitiers travailler sur les « complexes simpliciaux », une façon très théorique de modéliser en informatique des objets en trois dimensions. À la faculté, mes aventures n'impressionnent pas grand monde. J'ai perdu mes compagnons de baroud. Des collègues me font comprendre que tout ça, ce sont des distractions d'étudiant. C'est bien joli, c'est exotique et sympa mais il est temps de devenir adulte, de s'installer, peut-être d'acheter une maison. « Maître de conf », c'est presque prof. Dans l'université française, ce n'est pas rien.

Je souris mais je pense surtout à la prochaine aventure : une traversée à ski de la calotte glaciaire, au Groenland. Huit cents kilomètres, trois semaines à cinq en autonomie complète sur la deuxième réserve d'eau douce au monde. Un classique du monde polaire. La cour des grands, juste avant le pôle Nord à skis. Mon grand-père m'offre les cinq mille euros de participation au budget. On achète du matériel dernier cri, on se fait faire des pulkas sur mesure. Sous les coques en carbone Kevlar, nous fixons les bandes de Téflon et rivetons la toile. Elles sont assez grandes pour nous abriter en cas de tempête. Nous pesons la nourriture : deux cent cinquante grammes de muesli, trente grammes de saucisson, trois sachets de nouilles chinoises par jour.

Organisé par Didier, le raid part de Nuuk, la capitale du Groenland. Douze heures de traversée à l'avant d'un petit chalutier groenlandais qui sent bon le diesel, le flétan et le gras de baleine. Il nous dépose sur la banquise, au fond du fjord d'Améralik. Le chemin inverse de celui de Fridtjof Nansen, le héros polaire norvégien, auteur en 1888 de la première traversée du Groenland à skis.

Nous débarquons sur la banquise. Je remarque des traces d'anciens foyers, de campements. Je me persuade que ce sont ceux de Nansen et ses hommes. Le fond du fjord a été soumis à des pressions colossales : les blocs de glace remontent et forment des barrières, des plaques de deux-trois mètres de hauteur qu'il faut escalader : les légendaires hummocks. Premiers kilomètres, premières ascensions dans la neige et la glace quand, crack ! une pulka en carbone, chargée de cent kilos de vivres et de matériel, casse net à l'avant. Peu après, une deuxième, puis une troisième. Vice de fabrication : trop de carbone, pas assez de Kevlar, il faut réparer.

Nous trouvons dans la carcasse d'un traîneau abandonné des morceaux de Téflon, que les Inuits fixent sous les patins pour la glisse. On perce, visse, fixe. Pas sûr que cela tienne. Didier est pessimiste. « Les gars, un truc comme ça, c'est trop grave. Si cela ne tient pas bien dans les deux jours qui viennent, il faudra faire demi-tour. »

Nous commençons l'ascension sur la calotte, à 1 100 mètres d'altitude. Les pulkas sont trop lourdes : il faut se mettre à deux ou trois pour les tirer, pousser à tour de rôle. On grimpe cent mètres, se repose, redescend chercher les autres. Soudain, une sangle casse, la pulka dévale la pente. Je me jette dessus pour tenter de l'intercepter : à moitié sonné, je descends avec elle jusqu'en bas. Pas de blessure, j'ai compris la leçon. Impossible de tout monter d'un coup, trop lourd. Nous faisons des allers-retours entre le camp que l'on quitte et celui du lendemain.

Après quatre jours de calvaire tout le monde est au sommet. Et là, surprise : un immense lac s'est formé. Visible sur aucune carte. Il devrait être gelé en cette saison mais ne l'est pas. Il faudrait des jours pour le contourner. Par la droite ou par la gauche, ce ne sont qu'enchevêtrements de crevasses infranchissables. Avec des pulkas cassées, un itinéraire rallongé et donc des problèmes de vivres, tout a été calculé au plus juste ; Didier renonce. J'hésite, deux raiders sont prêts à me suivre. Mais j'apprends la première qualité d'un bon guide : savoir renoncer à temps, avant le drame. Nous nous promettons de revenir au plus vite.

Ne pouvant faire demi-tour – plus aucun bateau ne nous attend là où nous avons été déposés –, il faut prendre un itinéraire de repli. Il n'est pas enneigé : nous cachons skis et pulkas sous de grands rochers. Didier reviendra les chercher plus tard en hélicoptère. Une semaine de marche.

J'ai un gros sac sur le dos, un autre en bandoulière. En tout, cinquante kilos.

Nous arrivons dans le petit village de Kapissillit : les têtes se tournent à peine sur notre passage. Pas une question, pas un regard. Didier m'explique : au Groenland, les Inuits vivent sur l'étroite bande côtière, dos à la calotte glaciaire, où ils ne mettent jamais les pieds. C'est le royaume des Qivitoqs, ces esprits poilus et maléfiques, souvent représentés sous la forme de yetis. Les légendes racontent que ce sont des villageois qui se sont perdus parce qu'ils avaient fait l'erreur d'aller sur la calotte, ou des ermites devenus fous que les esprits du mal ont possédés. Des chasseurs jureront leurs grands dieux en avoir vu, avoir repéré leurs traces. Sur la calotte, il n'y a rien, pas même du gibier. Il faut être fou pour s'y aventurer. Ou pis, occidental !

L'expédition est un échec mais j'ai découvert le Groenland : terre aride, minérale, austère, impitoyable, splendide, dont je tombe amoureux. Peu de faune, aucun arbre, un désert de pierre, de neige et de glace. Des paysages envoûtants, à la mesure de mes rêves d'enfant, qui me fascinent encore aujourd'hui. Je pense au Sahara, aux grands déserts. Personne sur des centaines de kilomètres. L'immensité, la démesure, le silence, la force. Je brûle d'y retourner.

Grâce à un échange de poste universitaire, je retourne à Strasbourg, retrouve un poste de maître de conférences et mes compagnons d'équipées. Nous faisons de l'escalade, des raids en VTT, Paris-Tallinn (Estonie) en vélo, des virées nocturnes. Tous les étés désormais, je guide en kayak dans les territoires du Nord (Groenland, Alaska, Nunavut, Spitzberg, Islande) des clients de Grand Nord Grand Large. Et aux vacances d'hiver et de Pâques, j'enchaîne les raids à skis, les découvertes en kayak ou en zodiac. Cela devient obsessionnel : à peine un raid terminé, j'imagine et prépare le suivant. Tout mon argent y passe. Je délaisse copines et compagnes, qui ne peuvent trouver leur place auprès d'un fantôme toujours entre deux avions et deux projets. Qui, quand il est là, est toujours un peu ailleurs. Explorateur, c'est séduisant de loin, mais au quotidien...

Guide semi-professionnel, je découvre peu à peu les populations autochtones. Au début, Inuits, Esquimaux aléoutes, Groenlandais, Saame et Nenets ne sont que les habitants de mes terrains de jeux. Souvent timides et réservés, ils restent à l'écart et font partie du paysage. Regardent passer sans mot dire ces drôles d'équipages. Occupés à pêcher, chasser, survivre, s'adapter au monde moderne qui les rattrape, ils ne comprennent pas vraiment ce que viennent faire là ces grands types habillés de rouge. Au Groenland surtout, je suis fasciné par la rusticité et les capacités d'adaptation de ces petits hommes qui ont réussi à survivre dans une nature aussi rude. Aucun arbre, pas de bois, rien ne pousse. Quelques moutons dans l'extrême sud de la plus grande île du monde, importés par les colons danois. Et pourtant une chaleur, un humour, une joie de vivre, que je ne retrouve nulle part ailleurs. Dans bien des villages, je deviens vite Nicoulasuarq, « Nicolas le grand ».

J'ai souvent des jours d'attente dans leurs villages, entre deux groupes de touristes. J'apprends des bribes de dialecte groenlandais, amuse les enfants par des tours de cartes et de magie. Les jeunes sont moins timides, leurs rires vont m'ouvrir la porte des maisons de leurs parents. Et dans ces pays où subsistent de fortes traces d'animisme, la magie fascine petits et grands. J'organise des spectacles, donne des cours de prestidigitation. Mais parfois, au lieu d'applaudissements, c'est un grand silence, voire des regards inquiets surtout chez les adultes. Je comprends qu'il faut montrer les trucs et les manipulations pour ne pas passer pour un gourou, un chaman blanc. Ils s'habituent à ma présence, j'apprends à les connaître.

Souvent, dans les petits villages de chasseurs de la côte ouest, ma réputation me précède. À peine suis-je libéré de mes skis ou sorti du kayak que des enfants viennent me voir et me tendent une ficelle, un caillou ou n'importe quel objet trouvé par terre pour que je fasse un tour. Dans le village d'Aappilattoq, je dois éviter de passer devant les fenêtres de l'école : en me voyant, les gamins abandonnent les salles de classe en piaillant pour venir jouer. Je passe un accord avec l'institutrice : j'arrête d'entraîner les enfants comme le joueur de flûte de Hamelin et, en échange, elle m'accueille dans sa classe pour suivre, plié en quatre sur une petite chaise avec les 7-8 ans, les cours de vocabulaire. Éclats de rire quand je tente de prononcer des mots comme *qujaanarpunga* (« non merci »), *eqqaamallaqqippoq* (« J'ai une bonne mémoire ») ou *ordeneqanngilluinnarneq* (« la pagaille »).

En apprenant leur langue, comment ils forment leurs mots, je les comprends mieux. Ici, on n'a pas vingt ou trente printemps, on a vingt ou trente hivers. Les météorites sont des « merdes d'étoiles », les aurores boréales des « esprits qui jouent au foot avec un crâne de morse », les toilettes « un lieu où on va tout seul », l'ordinateur est « un objet qui fonctionne comme un cerveau », la cheminée « un endroit qui fait du brouillard », le journaliste « celui qu'on écoute ». Pour « étrangers », ils disent « ceux qui ont de gros sourcils ».

Un matin, à Narsaq, au sud du Groenland, parti en reconnaissance en kayak pour d'éventuelles expéditions, je fais le plein de nourriture dans l'unique magasin. Sur le port, un vieux répare sa ligne de pêche au flétan. Je prépare ma phrase : « Il va faire beau demain ? – Oui. » Le temps est menaçant, je pense qu'il n'a pas compris.

« Il va pleuvoir demain ?

– Oui.

– Mais... demain, il va faire beau ou il va pleuvoir ?

– Tu verras bien... »

Comme eux, je dois apprendre à m'adapter à cette terrible nature. On ne peut la dominer, la deviner, la combattre. Il faut la contourner, l'assimiler, l'accepter, survivre.

À Ittoqqortoormiit, le village le plus au nord de la côte est du Groenland, je rencontre Rassi. 35 ans, petit, svelte, souriant, il parle un peu anglais : à 12 ans, à la faveur d'une politique d'assimilation des Inuits du Groenland qui ne disait pas son nom, il a été envoyé dans une famille au Danemark. Il va y passer l'équivalent du baccalauréat, puis s'inscrire dans une faculté à Copenhague, d'où il sortira avec un BTS de gestion. Mais le mal du pays, son pays si rude et si beau, le pousse à rentrer. Il retrouve ses parents, ses frères, la neige, les chiens et le froid. Ici, son diplôme ne sert à rien. Il devient magasinier dans le seul entrepôt des environs. Et il se met à boire, beaucoup. Dans sa chambre, un électrophone, des disques d'AC/DC, d'Abba ou encore de Richard Clayderman (« Memory ») et un calendrier de blondes en string. Il vit avec son père, sonné devant la télé, une bière à la main à toute heure.

Rassi part à la chasse à l'ours avec ses cousins : il connaît tous les gestes mais n'est plus assez endurci. Là où un vrai chasseur passera trois semaines sur la banquise, sous la tente, à traquer *nanoq*, lui rentre à la maison après quelques jours bredouilles. N'en tire jamais un. Inuit au Danemark, aux prises avec un racisme sous-jacent. Trop danois au Groenland. C'est sans doute pour cela qu'il convie à la chasse ce grand Français qu'il connaît à peine. C'est la première fois qu'on me propose de venir à la plus belle des chasses : je suis ravi, l'aide à préparer son traîneau, tiré par quinze chiens. Nous glissons entre les icebergs sur une banquise dure et stable. Il fait beau, presque chaud. Rassi raconte sa vie, je n'en comprends qu'un dixième. Il me parle comme si je captais tout alors que je ne distingue que des bribes. Je plonge de temps en temps dans un petit dictionnaire d'écolier. Rassi n'est pas le meilleur chasseur d'ours de la région : nous n'en verrons aucun.

Le soir, nous montons la tente : elle se fixe en partie sur le traîneau, en partie à l'extérieur. Ainsi, on ne dort pas sur la neige. Chauffée par un petit réchaud à pétrole, sur des peaux de phoque et de caribou, il y fait bon. Dîner : un kilo de phoque. La plus grosse partie pour les chiens, un petit morceau pour Rassi et un petit pour moi. Je demande s'il y a autre chose à manger... Non. Ah bon... et demain ? On chassera un phoque. Et si on n'arrive pas à en tuer un ? Ben, on ne mangera pas.

Le lendemain, le temps se gâte. Il neige, les chiens sont fatigués de tirer le traîneau dans la poudreuse. Tout devient plus dur. Le paysage s'efface, on perçoit à peine nos traces. Un des chiens ne tire plus, divague, gène les autres. Rassi arrête l'attelage, le frappe une fois, s'arrête une deuxième fois. Nouveaux coups. À la troisième, il descend, détache le chien, prend le fusil et lui met une balle dans le crâne ! Avant d'abandonner le cadavre. « On ne pouvait pas garder ce chien, il nous mettait en danger. »

Au Groenland, la vie des chasseurs n'a rien à voir avec les images d'Épinal pour agences de tourisme. Les chiens sont tout sauf des animaux de compagnie : bêtes de somme, ils passent leur vie enchaînés près des maisons, peu nourris, souvent battus. Seuls les chiots, parfois, ont droit aux caresses des petites filles.

Pour rentrer, Rassi décide de passer par la montagne : il faut sauter du traîneau pour pousser, puis tirer. Et en descente, quand les chiens dévalent, pas de freins ou de rênes : je saute en marche et je cours pour les suivre. Il faut supporter l'odeur : les chiens, nourris de phoque plus ou moins frais, pètent et défèquent sans cesse ! Toutes les trente minutes, il faut s'arrêter pour démêler les traits pleins d'excréments gelés. Sans trop approcher sa main, ils mordent...

3

Peur bleue

Au fil des courses et des expéditions je prends de l'assurance. Peut-être trop. Je veux toujours plus dur, plus froid, plus long. Je convaincs Sylvain et Cédric, deux amis de la fac, bons sportifs mais néophytes polaires, de m'accompagner pour un raid à skis d'un mois, quatre cents kilomètres, en février 2001 sur la côte nord du Groenland. En cette saison, c'est moins 35 °C de jour comme de nuit. Ils sont un peu inquiets, je les rassure. Ça va aller.

À Strasbourg, le projet intéresse les médias locaux. Une journaliste me demande : « Pour l'entraînement, vous faites quoi ? » J'invente des courses à pied dans la neige, des bains nus dans des rivières pour s'habituer au froid. « Super, on vient filmer ça ! » Le dimanche suivant, nous voilà obligés, pour la caméra, de courir dans la poudreuse, de nous déshabiller et de plonger en hurlant dans un affluent du Rhin. En sortant de l'eau, on jette une couverture de survie sur nos épaules pour faire comme un tipi. Et on allume des bougies que l'on tient à la main pour se réchauffer. L'air chaud monte. En fait, je crois avoir lu ça dans les *Castors Juniors*, ça ne marche pas du tout ! On grelotte, on se mord les joues pour ne pas pouffer.

Nous partons pour Upernavik, petit port groenlandais pris dans les glaces. Pas d'hébergement : sous la tente dans le port. À la lampe frontale, nous faisons chauffer l'eau sur le réchaud pour les plats lyophilisés. Sylvain et Cédric grelottent. Juste au-dessus de nous, dans les maisons surchauffées, les gens regardent la télé en tee-shirts. Nous complétons les provisions, discutons avec des chasseurs. Je leur décris notre itinéraire : ils confirment que la banquise est bonne. C'est tôt dans la saison, il fait bien froid, la glace devrait être assez épaisse.

Pendant la nuit les températures frisent les moins 30 °C : mes compagnons sont recroquevillés dans les duvets, sans pouvoir dormir. « Vous inquiétez pas, vous allez vous habituer... » Nous partons, la banquise semble parfaite, les pulkas et les skis glissent bien. Nous contournons des îlots, suivons des traces de Ski-Doo – modèle le plus courant de motoneige –, en évitant les zones de glace grise, moins épaisses. Après dix kilomètres nous tombons sur un pêcheur qui plonge sa ligne à flétan dans un trou de glace. Il n'est pas bavard. « Ça va ? – Ouais »... « La banquise est solide par ici, tout va bien ? – Ouais, ouais, pas de problème. »

Je marche devant. Il faut traverser le fjord avant la nuit, je préfère monter la tente sur la terre ferme quand c'est possible. Peu à peu, par endroits, la couleur de la glace change. De blanche, elle devient grise. Ce n'est pas bon signe. Je fais des détours pour éviter ces plaques plus sombres, qui indiquent une banquise plus fine, plus fragile.

En plus des bâtons, j'ai à la main un *tuut*, lourd pic de métal dont les Inuits se servent pour tester la solidité de la glace et creuser des trous. Je pique la banquise devant moi. Une fois, deux fois quand soudain, plof ! il s'enfonce d'un coup. Un trou noir se forme autour : sous mes pieds, la banquise n'a pas trois centimètres d'épaisseur. Deux jours de tempête, la houle, les courants du large l'ont attaquée, fragilisée par-dessous. Indécelable. Le pêcheur ne le savait pas, personne ne pouvait le prévoir. Je me retourne et crie : « Arrêtez-vous, vite ! Demi-tour ! » Sylvain et Cédric font marche arrière. Au moment où je tourne les spatules pour les rejoindre, praaang ! tout cède autour de moi. Les morceaux d'un puzzle. Je tombe à l'eau, tente de me débattre. Moins 2 °C. C'est si froid que mes yeux semblent brûler. Cela me broie le crâne, vrille les oreilles. Je suis toujours relié à la pulka par un brelage en aluminium de deux mètres qui me coince et me maintient la tête sous l'eau. Un réflexe me fait ouvrir la bouche, tenter de respirer. Je bois la tasse, n'arrive pas à remonter. Je gigote, la panique monte. Merde, ça y est. Tu vas mourir. Noyé. Gelé. Cette fois, tu ne vas pas t'en sortir. Tu es allé trop loin. C'est la fin.

Non. Faut que je me détache. J'enlève les surgants, les moufles. Parviens in extremis à attraper les deux mousquetons qui relient mon harnais au brelage. Je les ouvre. Slooop ! ça y est, je remonte, avale une goulée d'air glacé. L'eau est noire, la banquise blanche, le ciel bleu dur. J'ai toujours les skis aux pieds. Deux brasses jusqu'au bord du trou. Je pose les mains sur la glace : elle cède. À nouveau la tête dans l'eau. Cédric et Sylvain hurlent : « Nicolas ! Qu'est-ce qu'on fait ? – Éloignez-vous, restez pas là ! » Ils tentent de me lancer une corde, sont trop loin. Je ne veux pas qu'ils approchent.

L'eau gèle sur mon visage, pénètre dans mes vêtements, commence à me paralyser. Derrière moi, la pulka flotte. Perdre le matériel, c'est mourir. Je plonge les mains dans l'eau, détache les skis, les remonte. Je les pousse devant moi, sur la glace. Me coupe avec une carre. Je comprends que mes mains sont gelées : elles saignent et je ne sens rien. Je vois le rouge dans l'eau. Je ne peux plus bouger les doigts. La glace liquide descend dans le dos, les jambes. Je fais passer la pulka devant moi. Tu vas t'en sortir. Accroche-toi. Respire lentement. Calme-toi. Ne pas tenter de remonter, puisque la glace ne peut supporter mon poids. Je m'allonge et rampe, nage, poussant la pulka qui me sert de bouée. J'avance. Sur la droite, la banquise semble plus épaisse. Je rampe encore. Ça y est, on dirait que ça tient. Je glisse hors de l'eau. Me roule dans la neige pour tenter d'absorber l'humidité. Je souffle, grogne, gémis, halète.

Deux Groenlandais venus en Ski-Doo, qui pêchaient pas loin, ont tout vu. L'un d'eux, Titus, petit, râblé, anorak de chasse bleu, capuche de fourrure blanche, approche lentement, poussant devant lui un petit traîneau pour évaluer la solidité de la glace. Il me fait signe de monter dedans, le tire vers lui. Son gendre Gerth, chef de la police d'Upernavik, est au guidon de la motoneige. Avec eux, sa fille et son fils, 7 et 5 ans. Je grelotte, ne peux plus fermer les mains, à peine parler. Je ne sens plus mes pieds.

Gerth attache le traîneau à l'arrière du Ski-Doo. Je voudrais récupérer des affaires sèches dans la pulka et me changer mais il me dit qu'on n'a pas le temps, que cela pourrait me tuer. Faut partir comme ça. Titus reste avec Sylvain et Cédric. Je prends les enfants sur les genoux. Accroche-toi, je t'emmène au village. Une vingtaine de kilomètres. Il me passe des gants de laine, j'ai du mal à les enfiler. Il fonce. Le vent, le froid, une croûte de glace se forme sur moi. Je me frappe le visage pour la casser, lutte pour garder les yeux ouverts. M'accrocher, tenir les enfants, résister. Nous longeons une île rocheuse. Le scooter rugit, vole, dérape, glisse. Gerth se retourne, fait signe que cela va aller, accélère encore. J'ai du mal à m'agripper, mes doigts ne m'obéissent plus. Je serre les petits entre les jambes, rassemble tout ce qui me reste d'énergie. J'ai froid jusque dans les os. Ne pas fermer les yeux. Tiens bon. On va arriver, tu vas te réchauffer. Te changer.

C'est quoi, ça ? Étrange, j'ai l'impression que l'horizon bouge, que la glace ondule. Pas normal. Je comprendrai plus tard que, pour gagner du temps, Gerth a pris un itinéraire plus direct mais moins sûr. Tout à coup, la banquise s'ouvre au passage de la chenille du scooter. Il accélère, bondit en avant, évite la crevasse mais le traîneau bascule dans l'eau par l'arrière. Je tombe. Non, c'est pas vrai ! Mais c'est pas vrai ! Je tiens les enfants à bout de bras pour les maintenir hors de l'eau. Ils hurlent. Je nage avec les pieds. Là ! Ma botte touche un rocher. Je m'appuie. La glace est plus solide. Gerth a fait demi-tour. Il se précipite, attrape sa fille puis son fils. Ils sont mouillés mais indemnes. Il m'aide à sortir de l'eau. Me regarde, n'hésite pas une seconde : « Je dois sauver mes enfants. Toi, cours ! Cours ! C'est tout droit, par là. Je reviens te chercher. Cours, sauve ta vie ! Cours ! » Il met les petits devant lui, démarre. Je n'ai pas dit un mot.

Je suis debout, bouche ouverte, souffle court, bras ballants. Mes bottes sont pleines d'eau. Je ne sais si je dois les vider ou pas. Je garde l'eau, elle est plus chaude. Tout gèle sur moi. Le visage pris dans la glace, je m'essuie les yeux. M'élance. Cours ! À peu près lucide, je reconnais les lieux : cinq à six kilomètres de l'entrée d'Upernavik. Faut que je sauve ma peau. Je cours, trottine, n'en peux plus, marche, ralentis, accélère, trébuche, tombe un genou à terre, repars. Tenté de m'asseoir pour reprendre mon souffle. Non. Tu t'arrêtes, tu meurs. Cours ! Les vêtements trempés sont lourds. Gelés, ils craquent à chaque foulée. L'air me brûle les poumons. Je ne peux inspirer par le nez, ça fait trop mal. Cours ! Je tente de réguler ma respiration. Éviter les blocs de glace, soulever les bottes, une foulée après l'autre. Oublier la douleur. Regarde loin, ne t'arrête pas, cours ! Là-bas, au pied des montagnes, des lumières.

Après quarante-cinq minutes, les premières maisons sont en vue. J'ai tellement froid que je ne sens plus rien. Par endroits, cela brûle presque. J'avance comme un automate, souffle court, bouche ouverte. Soudain, les phares du Ski-Doo : Gerth. « Tu vois la maison rouge, juste là ? C'est chez moi. Vas-y, je vais chercher tes amis. » Quelques minutes et je pousse la porte. Dans l'entrée surchauffée, je reste pétrifié. Sa femme comprend qui je suis, m'aide à enlever ma veste par la tête, à me déshabiller. Je ne peux plus me servir de mes mains. Salle de bains : j'ai du mal à tourner les robinets de la douche. Elle est tellement chaude que c'est insupportable. J'en sors. Vêtements secs, trop petits, thé brûlant, je ne peux même pas tenir la tasse. Je me recroqueville contre le radiateur sans parvenir à me réchauffer. Je claque des dents, peine à articuler un mot. Vas-y, tu peux fermer les yeux. La porte s'ouvre : Sylvain et Cédric. Ils m'entourent, je tente de sourire. « Ça va aller, les gars. On va se reposer quelques jours et on y retourne. » Ils me regardent comme un spectre. Tentent des blagues, se forcent à rire.

Gerth prend mes mains, les pique à chaque doigt avec la pointe de son coutelas. « Tu sens quelque chose, là ? – Rien. – Et là ? – Rien. – O.K., hôpital. » Pas loin, un grand bâtiment de bois. Le seul centre de soins de la région. Un médecin et deux infirmières danoises (le Groenland est une province autonome du Danemark). Ils parlent anglais. Le froid et ses blessures, ils connaissent. Ils prennent ma température : 33,2 °C. Je grelotte, du mal à rester éveillé. Nouvelle douche. Tiède-froid au début, de plus en plus chaude. J'ai des gelures au torse, aux cuisses. Mais le plus inquiétant, ce sont les pieds et les mains. Je n'essaie plus de fermer les doigts. Je sens que je ne peux pas et, si je ne peux pas, cela va me faire peur.

Le médecin trempe mes mains dans de l'eau à 30 °C. Douleur atroce mais je sens enfin quelque chose au bout de mes bras. Il les sèche, les pose sur la table, désinfecte les plaies causées par les carres des skis. Pique avec son scalpel. Rien. Il me regarde et sourit. « Voilà, cela fait quinze ans que je suis ici. C'est la première fois que je vois quelqu'un tomber à l'eau et s'en sortir. C'est un miracle, une chance incroyable. Tu sais nager aussi, cela t'a sauvé. Les gens ici ne savent pas. Ils meurent à tous les coups. Tu es vivant. Profites-en. Comprends ta chance. La vie est belle, tu respires, tu peux parler et voir le ciel. Remercie Dieu, si tu crois... Mais tes doigts, en revanche, il faut les oublier. Ils sont trop touchés. Il va falloir les couper. Les orteils, aussi... Peut-être pas tous. »

Pas sûr de bien comprendre. Qu'est-ce qu'il dit ? Mais ça va pas, non ? Allez, il exagère. Il ne va quand même pas me couper tous les doigts... Les infirmières m'enduisent mains et pieds d'une crème très grasse, puis de tulle gras et d'énormes pansements. J'ai l'impression d'avoir des raquettes de tennis au bout des bras. Aucune douleur. Ils me donnent des médicaments pour fluidifier le sang et améliorer sa circulation.

« Vous allez dormir où ? – Ben, là, on va monter la tente... » Le docteur sourit. La tente ? Tu n'as pas bien compris : le froid pour toi, c'est terminé. Plus jamais. Tu ne pourras plus le supporter. Le mauvais temps ne permet pas aux avions d'arriver pour l'instant, mais dès que les vols reprennent vous rentrez chez vous. Les vacances maintenant, c'est en Afrique. Gerth le rassure. Non, non, pas de tente. « Ils vont dormir chez moi, au chaud. – O.K., dit le médecin. Reviens me voir demain. »

Le soir, autour de la table où la femme de Gerth a préparé un grand repas, Sylvain me donne la becquée (phoque bouilli), on raconte, on rigole. Cela ne fait pas mal. Je fais rire les enfants, remis de leurs frayeurs, en tenant une fourchette entre mes deux pansements géants. Je sais que j'ai eu de la chance mais je ne comprends pas encore à quel point. Dans la chambre, sous une énorme couette, je m'écroule.

Le lendemain, à l'hôpital, les infirmières découpent les bandages, libèrent mes mains. C'est quoi, ça ? Cela ressemble aux pinces d'un homard géant. C'est marron foncé, boursouflé par de monstrueuses phlyctènes, des cloques énormes. Les ongles ont explosé, la peau craque et suppure. Les mains de Mickey, version cauchemar. J'ai la nausée, le souffle coupé. Le médecin hausse les épaules. Je me tourne vers Sylvain : « Bon, on va peut-être pas y retourner... » Je n'ose appeler mes parents. Je contacte Grand Nord Grand Large. On doit me tenir le combiné à l'oreille. « Je suis tombé à l'eau. C'est un peu gelé par endroits... Va falloir qu'on rentre. Vous pouvez changer les billets ? »

Mais le mauvais temps persiste. Deux jours plus tard, nous sommes toujours là. Ce matin, en enlevant les pansements, une odeur atroce. L'infirmière grimace. Elle appelle sa collègue, lui parle en danois. Le médecin arrive. En danois aussi. Ils ne me disent rien mais je sens que ce n'est pas bon. On passe en salle d'opération. Masques, blouses, instruments. Le docteur saisit un scalpel. « Oh non ! Pas les doigts ! Ne coupez pas mes doigts ! S'il vous plaît, non, pas les doigts ! » Une infirmière tient ma main, le médecin incise la peau dans le sens de la longueur.

Chaque doigt. Un liquide brunâtre et purulent s'en échappe. Le docteur parle enfin : les coupures se sont infectées. C'est sale, les carres de ski. Il craint la gangrène. Il faut nettoyer. Il découpe la peau des grosses ampoules, met les chairs à vif. Étrange, cela ne fait toujours pas mal. Sans anesthésie, je ne sens rien. Refont les pansements, même taille. Le docteur pense que l'on peut encore attendre, préfère laisser la décision d'amputer à des collègues français. Le lendemain, nous sommes dans l'avion pour Copenhague, puis Paris. Les hôtesses sont aux petits soins.

À mes parents et mes amis, je raconte une version édulcorée de l'accident. « Ce n'est pas si grave. » « Je suis passé à l'eau mais j'en suis sorti. » « Oui, j'ai des gelures... » Au fond de moi, aussi, je refuse d'admettre la gravité de mes blessures. Ça va aller, pas de souci.

Parfois je regarde les pansements en tentant d'imaginer ce que cela peut donner, des mains sans doigts. Comment vit-on ? On peut programmer un ordinateur sans toucher le clavier ? Des tours de magie sans les mains ? Une femme voudra-t-elle de moi ? Conduire ? Aux toilettes ? J'avais lu *Annapurna premier 8 000*[1], dans lequel Maurice Herzog raconte comment on lui a coupé les deux premières phalanges des mains et les orteils. Mais je chasse ces pensées. Je ne veux pas me préparer à avoir les doigts coupés.

À l'hôpital Saint-Louis, la scintigraphie révèle que les mains sont très touchées, les pieds moins. Mais ce n'est pas sans espoir. Plus question d'amputation, pour le moment en tout cas. Pas grand-chose à faire, attendre. Surveiller comment les vaisseaux sanguins, surtout les minuscules au bout des doigts, et les terminaisons nerveuses se recons-

1. Paris, Arthaud, 1952 ; « Classiques Arthaud », 2010.

truisent. Nouveaux pansements, crèmes, patience. Et un jour, un médecin : « C'est bien, tu vas sans doute sauver ton pouce, donc garder la pince. – Oui, mais les autres doigts ? – On verra. »

Pas question de reprendre les cours : je reste chez mes parents, à Asnières. Pour prendre le métro, avec mes mains bandées, je demande à mes voisins de rame d'attraper le ticket dans ma poche, de le composter et de l'y remettre. Cela fait sourire. Grand Nord Grand Large me demande de venir sur son stand au Salon du tourisme : les mains cachées sous la table, je raconte les aurores boréales et les joies des virées polaires. Faut pas qu'on me demande un prospectus...

Un jour, à la télé, je tombe sur un reportage sur Franck Bruno, un Corse amputé au niveau du tibia droit après un accident sur un porte-avions. Il organise à Bonifacio des stages de plongée pour handicapés. Je me dis qu'il faudra que je le contacte, soit pour faire un stage avec lui si l'on m'ampute, soit pour offrir mes services à son association si je retrouve mes doigts. Peu à peu, un par un, je parviens à les bouger. La taille des pansements diminue. Les orteils reprennent aussi une forme normale. Je ferme les mains, travaille pendant des heures les tours de magie pour retrouver la dextérité. Je le savais, je le savais...

À Saint-Louis, un spécialiste m'explique que, n'ayant jamais bu ni café ni alcool et surtout jamais fumé, j'ai des vaisseaux sanguins, surtout les microcapillaires au bout des doigts, en parfait état. Ils se sont bien reconstitués, ont irrigué les tissus. C'est à cela que je dois la guérison. Je le savais... La sensibilité de la peau, en revanche, cela sera plus long. Trois ans. Longtemps, j'ai dû faire attention à ne pas me brûler ou me couper, je ne sentais rien.

Aujourd'hui encore, ultime séquelle, les tranches de mes deux mains sont insensibles.

Je retourne à Strasbourg, reprends les cours, raconte que j'ai eu quelques soucis, rien de grave. Un soir, devant un évier plein de vaisselle sale, je cherche le flacon de détergent. Vide. Vide. Il est vide. C'est terrible. Cela me tombe dessus. Comment vais-je faire ? Je tremble, m'assieds par terre, éclate en sanglots. Bon... Ce n'était peut-être pas aussi anodin que ça, en fait. À force de répéter : « Ça va aller », il se pourrait que cela n'aille pas si bien que ça... Faut que je demande de l'aide. Dans l'annuaire, je trouve le docteur Herzog, psychiatre. Quelques séances. Il m'explique que j'ai fait un déni de l'accident, que c'est un mécanisme de défense classique mais que maintenant il faut que j'en sorte. Que je raconte. Faut l'expulser et ça ira mieux. Alors je lui décris tout, en détail. À lui et à tous les autres. Les copains, les collègues, mes parents ahuris. J'ai failli mourir. Je suis tombé deux fois à travers la banquise dans l'eau glacée le même jour. J'ai couru presque une heure, je m'en suis sorti, j'ai sauvé mes doigts et mes orteils et c'est une chance incroyable.

4

Le saut dans l'inconnu

Après un mois de convalescence à Asnières, je rentre à Strasbourg. Pas de cours, j'avais tout plié au premier semestre. Les pieds vont bien, les mains bien mieux mais c'est plus lent. Je retrouve la mobilité mais pas la force. Vais-je pouvoir à nouveau tenir une pagaie ?

Un ami, Pierre, fait du kayak de rivière. Il me prend en duo : un peu de mal au début mais cela revient vite. Je ne suis pas vraiment à l'aise sur l'eau, surtout quand je ne peux pas voir le fond. Je plonge les mains : ça va. Pas de gants, comme avant. Je multiplie les exercices de dessalage, d'esquimautage pour tenter d'apprivoiser le stress.

Grand Nord Grand Large me demande si, pour l'été qui vient, je me sens capable d'organiser deux expéditions en kayak le long des côtes, au Groenland près d'Upernavik. Je ne vois pas pourquoi ça n'irait pas. Ravi de remonter là-haut, de retrouver Titus et Gerth, les enfants. J'arrive sur place bien avant les clients : ma mésaventure a fait le tour du pays. La radio groenlandaise a raconté l'histoire de ce Français qui est passé à l'eau deux fois dans la même journée et a survécu.

Ils m'accueillent comme un parent. Tout Upernavik veut me voir, me serrer la main, me taper dans le dos. Avant, j'étais parfois invité dans les familles, je faisais rire les enfants par des tours de magie. Là, c'est différent. J'ai sorti la fille et le fils de Gerth de l'eau, je les ai sauvés. Gerth m'a secouru à son tour. Il me loge chez lui, me traite comme un fils, je progresse en vocabulaire. Le premier mot qu'ils vont m'apprendre, en riant, est *siku ajorpoq*, « mauvaise glace ».

Comme si j'avais en survivant gagné ce droit, Titus, 60 ans, va m'ouvrir les portes de leur univers. Celles qui restent fermées aux étrangers, y compris danois. Je pars avec lui à la pêche au flétan, à la chasse à l'ours. J'apprends à lire les pistes, les traces, la couleur des nuages. Il me montre les détails de fabrication de son kayak traditionnel. L'armature est en bois de caisse, la toile achetée au seul magasin du village puis peinte, mais les techniques d'assemblage remontent au Moyen Âge. Je découvre que ces objets que je voyais partout, kayak, harpons, traîneaux, qui semblaient d'une simplicité préhistorique, sont en fait d'une complexité et d'une perfection remarquables. Il faut plus de cinq cents mots pour nommer toutes les pièces d'un kayak, qui est fait sur mesure pour la morphologie de son propriétaire. Les harpons sont fabriqués pour leurs lanceurs. Et même si souvent pour la pointe, le fer à béton a remplacé la dent de narval, la corde nylon la sangle en peau de phoque et le Téflon la corne de caribou, les techniques demeurent. Je comprends que pour faire un bon fouet il faut de la peau issue de trois phoques différents. Une partie doit être quasiment rigide et épaisse, une autre fine et légère et le bout très souple et résistant.

J'accompagne Gerth dans ses tournées de flic. À Upernavik règne la criminalité zéro ou presque. Mais parfois un mari chasseur, limité par les quotas internationaux, ne rapporte plus assez d'argent. Il perd son prestige, son statut traditionnel et se venge en tapant sur sa femme... Et Gerth le raisonne. Je découvre le système des « prisons ouvertes » : « On ne peut pas enfermer un Groenlandais, m'explique Gerth, sinon il meurt. » Alors la prison, petit bâtiment adossé au commissariat, est vide toute la journée. Le soir, les deux condamnés viennent y dormir. « Il faut pardonner, on doit tous pardonner, dit-il. Un drame peut arriver dans n'importe quelle famille. »

J'accompagne aussi Titus, qui ravitaille avec son petit chalutier les villages isolés. Il m'apprend les vents, les courants, les îles innombrables. Comment repérer un phoque. Comment utiliser les pagaies traditionnelles pour éviter de faire le moindre bruit et alerter le gibier. Pourquoi il faut se méfier des icebergs : ils sont splendides, on adore s'en approcher mais ils peuvent se retourner en trois secondes et provoquer des vagues géantes qui engloutissent tout. On peut les côtoyer mais d'une certaine façon et à une certaine distance.

Titus sait imiter le chant des oiseaux, des baleines, le cri de tous les animaux. Au souffle, même de loin, il distingue la baleine à bosse du petit rorqual. Nous posons des filets à phoque, les tirons au fusil. Très présent au Groenland, l'animal n'est pas soumis aux quotas. Il faut savoir comment le dépecer, le découper sans en perdre un gramme. Prélever sa peau sans la trouer pour pouvoir la revendre. La tanner, l'étendre sur un châssis. Sa femme me montre comme elle en fait des bottes, des gants plus étanches que tous les Gore-Tex.

Il faut aussi un peu de temps et de bonne volonté pour apprendre à apprécier la nourriture traditionnelle : les yeux de phoque et leur humeur vitrée légèrement sucrée – un régal pour les enfants avant l'arrivée en force des bonbons Haribo dans les magasins. Titus m'apprend le goût des moules trouvées dans l'estomac du morse : gobées entières, elles cuisent avec les acides gastriques et sont un mets de roi. Certains aliments sont un peu étranges pour un estomac occidental. D'autres, faisandés pendant des mois, sont carrément mauvais, mais je connais assez bien les gens désormais pour dire : « C'est difficile. » Ils rient. Un soir, je convoque mes piètres talents culinaires pour faire une quiche lorraine et des crêpes en dessert. Délicieux, bravo. Mais peu après je les surprends dans la cuisine devant un bon morceau de viande de phoque. C'est bien, la cuisine française, mais un peu léger…

Début juillet, quand les clients arrivent, j'ai pour la première fois l'impression de les guider dans un univers dont je comprends les codes. Pas tous mais certains. Avant, j'étais de passage. À la fin de l'été, comme je démonte les kayaks dans le port, Gerth s'approche : « Alors, tu reviens en mars ? – Ben, je ne sais pas bien… Je ne sais pas si je peux. » Mais pour lui, comme pour Titus, bien sûr que je peux. « Pourquoi pas ? Tu as survécu, non ? On ne va pas en faire toute une affaire. Reviens en mars et Titus t'apprendra l'hiver. »

Tous les médecins m'avaient prévenu : « Oublie le froid, oublie le Nord », et cet été quand je plongeais les mains dans l'eau à 3 °C je n'avais pas mal. Pas de gants pour pagayer, aucune douleur. Alors pourquoi pas l'hiver ? Au fond, je ne les ai jamais vraiment crus. Ils devaient aussi me couper les doigts et les orteils… Alors je vais voir le patron de Grand Nord Grand Large et lui propose de guider un raid à ski sur les traces de l'an dernier. « Sur la piste des chasseurs d'ours », trois cents kilomètres, trois semaines au nord d'Upernavik. « Nico, t'es sûr ? – Oui, oui, ça va aller. – Bon, mais pas de risques. N'hésite pas. S'il faut louer un hélico parce que c'est trop dangereux, tu le loues. » Le programme attire cinq clients, trois femmes sportives et affûtées, un camionneur dont toutes les économies passent dans des raids arctiques et un chef d'entreprise qui, pour cinq mille euros, s'est offert la grande aventure pour ses cinquante ans. Nous nous voyons des semaines à l'avance, planifions les entraînements, le matériel, la nourriture. Pour ne pas les inquiéter, je n'évoque pas l'accident.

Après un semestre d'enseignement à Strasbourg, je pars sur place, trois semaines avant le départ. Cette fois, c'est sur le traîneau de Titus qu'ont lieu les leçons. Lire la banquise et ses mille formes. Les dizaines de couleurs et de texture de glace. On dit souvent que les Inuits ont mille mots pour désigner la neige et la glace mais ce sont mille mots pour mille choses différentes. Il faut distinguer la neige fraîche, celle tombée la veille, celle qui fond sur la banquise, celle qui fait de petites vagues sur la glace, celle qui a été transportée par le vent. La banquise peut être fracturée par la tempête, par la contraction de la glace, les mouvements de la mer en dessous. Pour la tester, dit Titus, tu frappes cinq fois devant toi avec le *tuut*. Si ça tient, c'est bon. Il voit parfois de loin que la glace est trop fine sans parvenir à expliquer pourquoi. Il me montre les traces d'ours, de renard, de perdrix des neiges. Comment distinguer le *allu*, trou de respiration de phoque, d'un simple espace d'eau libre. Comment lire dans le ciel l'état de la banquise devant soi : si la mer a remplacé la glace, sa couleur sombre se reflète dans les nuages au-dessus. On peut ainsi la voir de loin et faire un détour.

Il me prête ses équipements, m'apprend à marcher avec les kamiks, bottes en peau de phoque, cousues au tendon de narval, parfaitement étanches mais terriblement glissantes. L'intérieur est en peau de bébé phoque, rien de plus doux. Les moufles en fourrure. Les pantalons en peau d'ours, tellement chauds qu'on ne peut les porter en skiant. L'anorak de chasse d'un bleu glacier, il se confond avec le ciel. Blanc, avec la glace. Et le *taalitaq* : un petit châssis de toile blanche, sur patins, sur lequel on pose le fusil et qui permet d'approcher les phoques sans les alerter – à condition d'avoir recouvert les patins de bois de peau d'ours.

Leçons de survie : toujours bien se sécher les mains. Humides, elles gèlent plus vite. Du gras de baleine sur le visage contre les gelures. Autour de la capuche, un cercle en fourrure d'ours va couper le vent, absorber l'humidité de la respiration et créer un microclimat protecteur. Recouvrir la tente de neige pour l'isoler s'il vente. Et si la température descend encore, il faut construire un igloo. Deux heures de travail pour des Inuits. Titus me montre le pouvoir isolant des blocs de neige. On les découpe au couteau à glace – il en reste toujours un dans le traîneau. On les dispose en cercle, en spirale montante, ajustés un par un. Un des bâtisseurs reste à l'intérieur et soutient la voûte pendant qu'elle monte. À la fin, il scelle le tout avec la clef qu'on lui passe de l'extérieur. Recouvrir l'igloo de poudreuse qui va étanchéifier et sceller les blocs. Pas de porte : celui qui est resté à l'intérieur creuse un tunnel, plus profond que le sol, qui débouche sur la banquise côté opposé au vent. Cela deviendra la « fosse à froid » : l'air chaud – chauffage éventuel et respiration des occupants – monte, l'air froid descend et est emprisonné par le piège, à l'extérieur. Dedans, des banquettes de neige recouvertes de peau de caribou. Bougie, réchaud ou petit poêle : la chaleur va faire légèrement fondre la voûte de neige et créer une mince couche de glace pour mieux isoler encore. Même si le blizzard se déchaîne et qu'il fait moins 40 °C, dedans, dans un silence de cathédrale, il fera moins 10 °C. Facilement supportable avec un sac de couchage, une peau de caribou ou d'ours.

Titus m'apprend comment conduire l'attelage de chiens, détaillant les cris qu'ils reconnaissent, et comment les forcer à s'arrêter alors qu'il n'y a pas de rênes. « *Ili ili* » pour aller à droite, « *Yuk yuk* » pour la gauche et « *Hey hey* » pour stop. Quand la banquise est trop fine, il faut passer par la montagne. Pousser le traîneau pour aider les chiens à monter. En descente, on freine avec les pieds si la pente n'est pas trop raide. Un jour où nous nous étions aventurés trop loin, la seule voie de retour était un canyon abrupt. Titus sourit. « On va voir si tu es un bon *musher.* » Je ne comprends pas... Il détache les chiens, me donne son fouet. « Je prends le traîneau, tu descends avec les chiens. On se retrouve en bas. Bon courage ! » Le voyant partir, les vingt bêtes bondissent à sa poursuite. Je surfe sur mes semelles, glisse, tombe, me relève, hurle : « *Iniarit ! Iniarit !* [Doucement ! Doucement !] », tentant de faire claquer le fouet. Titus m'attend en bas, hilare. Désigne du menton les deux chiens que j'ai perdus en route, qui attendent en haut. Remonte les chercher.

Le soir, nous campons sur la banquise autour du traîneau. Menu des dîners : phoque et baleine séchés. Beaucoup de sucre dans le café : depuis qu'ils l'ont découvert, avec les premiers colons, les peuples du Nord en consomment énormément. Ils sont persuadés que cela leur donne l'énergie nécessaire à lutter contre le froid.

Une semaine avant l'arrivée des clients, Gerth m'annonce que nous allons faire une randonnée un peu plus longue. « Attache la pulka à l'arrière du Ski-Doo. Prends les skis aussi. » Je ne me méfie pas. Une journée de glisse jusqu'au village de Najat, sur l'île aux Mouettes, cent quarante kilomètres au nord d'Upernavik. En arrivant, on file au magasin. « Bon, maintenant, Nicolasuarq, tu vas acheter de quoi manger pour une semaine. C'est le temps qu'il te faut pour rentrer à skis... Tu as bien vu par où nous sommes passés ? » Quoi ? « Il faut que tu reviennes seul. C'est important. Sinon tu n'y arriveras pas. Tu dois. Garde la carte et le fusil. »

Après les leçons de Titus, les travaux pratiques. Il a raison : les clients seront bientôt là. Si je ne fais pas cela, si je ne regagne pas confiance en moi après l'accident, je ne pourrai plus être guide. De toute façon, comme Jacques quinze ans plus tôt, Gerth ne me laisse pas le choix : à l'aube, le lendemain matin, il part. À Najat, ses copains me regardent en souriant. Je repasse au magasin. Une pièce très chaude de dix mètres carrés ; deux étagères avec de la farine, du phoque séché, du sucre. Patronne édentée, odeur de poêle à fuel. Un comptoir à l'ancienne, comme dans les romans de Jørn Riel, le grand écrivain danois de l'Arctique. J'ai quelques bols de nouilles japonaises lyophilisées, des lanières et du *matak* – gras et peau de baleine. Je m'élance.

Au début, sur les traces du scooter de Gerth au millimètre près. Il fait beau, froid. C'est pas si dur. Bien sûr que je peux. Les mains et les pieds, ça va. Le moral aussi. Retour sur la banquise. Le soleil descend, je dresse la tente. Au chaud dans le duvet. Dans la nuit, j'entends vaguement le vent se lever. Le lendemain matin, plus une trace. Grand blanc. Je sors la carte, la boussole. J'ai le GPS et le téléphone satellite, en cas de pépin. C'est tout droit. Des fjords de dix kilomètres de large, aucun relief. Je marche, glisse, skie de toutes mes forces, douze heures par jour. Six jours de vivres : la pulka est légère. Un soir, pas de terre en vue, il faut dormir sur la banquise : trente centimètres de glace sous le duvet. Dessous, la mer de

Baffin et ses cinq cents mètres de fond ! Toute la nuit, je l'entends craquer, je la sens bouger, monter et descendre avec la marée.

J'arrive à Aappilattoq, cent cinquante habitants à quarante kilomètres au nord d'Upernavik. Ils se souviennent de moi l'été dernier, en kayak. Je dors dans la maison commune. Repas chaud, tours de magie, rires des enfants. Repars. Upernavik est là, juste derrière l'île.

Tiens, c'est bizarre, pourquoi la trace des traîneaux se met à zigzaguer comme ça ? C'est tout plat, ici... J'avance. Nom de Dieu ! À droite et à gauche, à moins d'un mètre de chaque côté de la piste, des trous d'eau noire, grands comme des roues de tracteur. Les courants ont creusé par-dessous. « *Siku ajorpoq* », « mauvaise glace ». Qu'est-ce que je fais ? J'y vais ? Pas d'autre accès à Upernavik. Si tu n'y vas pas, si tu appelles les secours, c'est fini. Tu arrêtes tout. Tu ne pourras plus jamais faire ça. Guider des gens. Ils sentiront ta peur. Allez. Je pousse sur les bâtons. Les cinq derniers kilomètres à fond. Des trous à gauche, à droite. Sur mon passage, à cause de mon poids, je vois le niveau d'eau monter sur la glace. Regarde devant. Il faut que tu atteignes la falaise. Au pied de la montagne, la glace est meilleure, toujours. La contourner. Le port. Ça y est. Je crie de joie. Les enfants me font un cortège. J'ai mis cinq jours au lieu de sept. Je pense au dicton groenlandais : « *Siku kisimi* », « seule la glace décide ».

Aux clients qui arrivent deux jours plus tard, j'explique que je suis parti en reconnaissance et qu'il n'est pas question de quitter le village à skis. Mauvaise glace. Nous affrétons l'hélico jusqu'à Aappilattoq. De là, nous partons sur la piste des chasseurs. Certains nous accompagnent un moment, dormant avec nous dans des cabanes. Une des participantes, fiévreuse, passe une journée à l'abri sous la peau de caribou, dans le traîneau.

Le chef d'entreprise n'avait pas la forme physique minimum requise : nous le laissons, épuisé, dans un village. Rendez-vous à Upernavik pour repartir. Il ne sera pas là ; Titus ira le chercher à la dernière minute, partant de nuit en Ski-Doo. Je lui explique que, non, il ne peut pas rapporter à Paris cette dent de narval en ivoire de deux mètres qu'il s'est offerte pour son anniversaire... C'est interdit par la convention de Washington sur la protection des espèces. À la douane à Copenhague, on me demande d'ouvrir la housse à skis. La dent est confisquée, l'acheteur brièvement emprisonné pour s'être « un peu énervé avec les douaniers ». Amende, pénalité : total, dix mille euros !

Retour en France : je suis rassuré, tout va reprendre comme avant. Les mains, les pieds, aucune douleur. Le cauchemar de l'amputation est oublié. Des projets pleins la tête, je rêve du pôle Nord. L'été arrive, les expéditions en kayak, les groupes à emmener. À la rentrée, je retrouve les étudiants en informatique, le campus de Strasbourg. Toujours un peu de mal à me réadapter à la vie « normale ». C'est de plus en plus étrange mais, pendant un temps, j'y trouve un équilibre. Les pieds entre deux mondes qui ne s'accordent guère. Je refuse plusieurs propositions alléchantes : post-doctorat chez IBM à New York, thèse à la prestigieuse École polytechnique de Lausanne. Trop prenant. Car peu à peu l'aventure va prendre le dessus, envahir ma vie, s'imposer. De plus en plus de voyages, de découvertes. De moins en moins de fac. Je groupe mes heures pour me libérer au maximum, je choisis les cours non plus en fonction de leur intérêt mais de leur répartition dans l'année, de leur facilité de préparation. Le but consiste à tout caser durant le premier semestre pour sauter dans un avion en février. Je commence à bâcler mes cours, à négliger les étudiants, survoler les lectures obligatoires. Je deviens un mauvais professeur. À la moindre occasion je parle neige, glace, peuples autochtones, baleines, voyages.

Comme un drogué j'ai besoin de ma dose d'aventure. Et les doses augmentent. Toujours en manque de sensations fortes, d'adrénaline – que je m'échine à satisfaire en France, essayant le parachutisme. Et en quête de découverte, d'exploration de territoires inconnus, vierges de traces. De rencontres extraordinaires avec les peuples du froid. Je rêve aussi, un peu comme un enseignant, d'emmener des gens avec moi et de tout raconter au retour. J'améliore mes techniques de prise de vue. Mes films sont désormais corrects, certains sont primés dans des festivals. J'écris des articles pour des magazines d'aventure, publie des photos.

À l'université, des amis profs ou maîtres de conférence me protègent, m'excusent, prennent des cours à ma place, me dispensent de tâches administratives. Mais cela ne tient plus. Ma directrice de thèse me prévient : « Nico, tu n'es jamais là. Cela ne va plus être possible. » Dès le mois de mars, des étudiants demandent : « Il est où, Dubreuil ? »

Et un matin, à 34 ans, ma vie va basculer. Je suis rentré la veille d'une autre course au Grand Nord. Comme la dernière fois, j'ai oublié le code de ma porte, celui de la carte bleue, frigo vide. Pas le temps de bosser le cours... Bah, ça ira. Je dois enseigner à 9 heures. Les étudiants s'installent en bavardant dans le grand amphi de maths. J'hésite, pose la main sur la poignée de la porte des professeurs. Je ne peux pas la tourner. Paralysé. L'impression de mentir à tout le monde, de tricher. Une immense imposture. Je ne peux pas entrer dans cette salle, revenir dans ce monde. Personne ne m'a encore vu : je fais demi-tour, prends la fuite, rentre chez moi. Je suis au bout de ma corde. J'abandonne mes étudiants, une carrière de professeur, un poste de fonctionnaire.

La décision est prise, elle s'impose : peu après, j'écris une lettre de démission. « Il faut être inconscient pour démissionner d'un poste de fonctionnaire », m'avertit le directeur du labo. Un collègue s'exclame : « Maître de conf, tu ne peux pas quitter ça ! » On m'explique que je peux obtenir une mise en disponibilité pour pouvoir revenir, si je veux, dans les dix ans. O.K., cela rassurera mes parents. Comment je vais vivre, de quoi ? Je ne sais pas vraiment. M'en fous. Pas le choix, je ne peux plus. Je quitte Strasbourg pour m'installer à Paris, en colocation. J'ai rencontré, sur un tournage de mon frère devenu réalisateur de films, Lucie, une comédienne qui me conforte dans ce choix. Elle m'encourage, me soutient, admire ce que je fais. Je l'emmène en voyages, en expéditions.

Si les deux mois d'été sont occupés par les expéditions kayak, il faut trouver de quoi faire les autres saisons et gagner ma vie. Avec mes milliers de photos, les films, mes expériences, je prépare des conférences sur les mondes polaires et l'Arctique que je propose à des associations, des lycées, des comités d'entreprise. Cela ne paie pas très bien. Je réalise que je vais devoir passer d'un salaire mensuel de trois mille euros à environ cinq cents. Les bons mois. Le prix de la liberté.

Un matin d'été, je pars à vélo pour Clamart où m'attendent des élèves de seconde. Il est tôt, le temps est clair, je traverse Paris. Dans mon sac à dos, l'ordinateur, le vidéoprojecteur, quelques notes. Un fouet, des griffes d'ours, des gants en peau de phoque. Une sensation de légèreté, de bonheur. J'ai trouvé. Je suis au bon endroit, là où je dois être, à ma place.

5

L'ours et moi

Pendant des années je vais sillonner la France : conférences, expositions, festivals de films d'aventure où je présente mon travail et raconte mes voyages. Un matin, j'arrive à Albertville pour un exposé. Nuit au volant depuis Saint-Nazaire où j'étais la veille. On me propose une chambre d'hôtel, une douche. « Merci, pas la peine. Je me suis rafraîchi tout à l'heure dans la rivière. » D'autres fois, pour économiser l'hôtel, je campe dans les forêts.

J'étudie l'histoire de l'Arctique et de l'Antarctique, les grandes expéditions mythiques, les découvertes, les héros polaires. J'apprends la flore, la faune. Emblème du Grand Nord, empereur des glaces, symbole planétaire du réchauffement climatique, l'ours polaire passionne mes auditoires. On me questionne sans cesse. J'en ai aperçu de nombreux, de loin. Et un jour, lors d'une reconnaissance à ski en solo sur la côte est du Groenland, c'est la rencontre.

Je suis arrivé tôt, deux semaines avant les participants d'un raid. Il existe sur les pentes de la Terre de Liverpool, près de l'île du Danger, une petite cabane de chasse. Je veux aller voir dans quel état elle est, savoir si elle pourra nous abriter pour la nuit. Elle est vide mais étanche et solide, arrimée au sol par deux gros câbles. Parfait. Le petit sas d'entrée est fermé par une porte hérissée d'énormes clous, pointes vers l'extérieur, pour que les ours ne puissent pas s'appuyer dessus et la casser. Dedans un poêle à fuel, une banquette surélevée pour dormir et une minuscule fenêtre bâchée de plastique. Les chasseurs ont gravé leurs noms et le nombre d'ours qu'ils ont tués. Elle sent le feu de camarine – petite plante qui pousse au ras du sol – et le gras de phoque. Un vieux fusil hors d'usage est accroché au mur, des balles sur le sol. Dans un coin, un peu de farine, du thé, du sucre, des biscottes groenlandaises. Un piège à ours, énorme. Et une pelle rouillée. Un abri rustique mais sûr. Il est primordial pour un guide de pouvoir dire aux clients : « Bon, là, c'est un peu dur mais après cette côte il y a un col et juste après une cabane. On sera bien. Ne vous inquiétez pas. »

Je repars pour atteindre une île et camper. Elle semble proche mais sur la banquise les distances sont trompeuses. Ce qui paraît à portée de main peut être à des heures de marche. Trop loin, le soleil descend, il faut monter la tente sur la glace. Ici, cela ira, elle est épaisse. Les précautions habituelles : j'ai emporté une tente-mess, plus petite, dans laquelle je cuisine et stocke la nourriture, avec la pulka, loin de là où je dors. La tente et le duvet ne doivent jamais rien sentir d'autre que l'homme. Leçon de Jacques le baroudeur. Il fait très froid, je me couche au crépuscule.

Avant l'aube je suis réveillé par du bruit. Vent ? Banquise qui craque ? Je ne sais pas trop. Je charge le fusil : calibre 30.06, une arme de guerre. Cran de sûreté, duvet ouvert pour pouvoir en sortir rapidement. Plus rien. Bon, ce n'était sans doute rien, je me rendors. Aux premières lueurs du jour, comme des bruits de pas dans la neige, des frottements. Encore le vent ? Il fait clair maintenant à travers la toile. « Pfff, pfff, pfff »... Un gros souffle. Tout près. Qu'est-ce que c'est ? Fusil dans la main droite, cran de sécurité ôté, je descends la fermeture éclair. Doucement. Quelques centimètres. Je passe un œil : du blanc. Pas vraiment blanc, en fait. Jaunâtre. Des poils jaunâtres. À trois mètres, tout ce que je peux voir, c'est la fourrure d'un ours polaire ! Il me bouche la vue. J'arrête de respirer, tremble de peur. Il est juste là, sur moi.

Que faire ? Tirer à travers la tente ? Il est tellement près que si je le blesse, même si je le tue sur le coup, il va m'écraser. Cinq cents kilos de muscle. Je recule, ne bouge pas un cil. « Pfff, pfff. » Maintenant, on dirait qu'il gratte quelque chose. Je descends la fermeture de quelques millimètres supplémentaires. Je le vois mieux : il est juste là, deux mètres, à quatre pattes. Ses grosses fesses en l'air, museau au sol, planqué derrière un petit morceau de glace. Comme un gamin qui joue et croit qu'il est bien caché. Ce serait drôle si ce n'était pas aussi effrayant.

Un gros mâle, c'est un peu rassurant. Les jeunes, curieux et joueurs, sont les plus dangereux. Il a dû être intrigué par ma tente orange, visible à des kilomètres, attiré par les odeurs de nourriture. Je ne bouge pas, doigt sur la gâchette. Baisse les yeux une demi-seconde, les relève : plus rien ! *Putain, il est où ?* Il est passé derrière ? Sur le côté ? Il va attaquer ? Rien entendu. Mon Dieu, je ne le vois plus. Je descends la fermeture... Et je l'aperçois, de dos. Il s'éloigne. Se dandine sur ses quatre pattes, se retourne de temps en temps, lève la tête, hume l'air. Je me cache, comme s'il pouvait me voir, changer d'avis et revenir. Il est parti. Si j'avais tiré, je suis sûr qu'il m'aurait tué. Trop près. Malgré la puissance du fusil, cela ne l'aurait pas arrêté.

J'attends un long moment, respire et sors voir : des traces partout. Il a renversé la tente-mess, fouillé la pulka, éparpillé les provisions. La drôle de tente orange, en revanche, ne sentait rien de bon, juste l'homme. Intriguant mais pas intéressant. Cela m'a sauvé. Je replie tout en vitesse, rechausse les skis, repars. Et je le vois : il est là, pas loin sur la droite. Il va de trou de phoque en trou de phoque, tranquille. Il est chez lui. Le roi de la banquise, tout en haut de la chaîne alimentaire. Pas de prédateur à part l'homme. Peur de rien. Toute la journée, je me retourne pour voir s'il me suit. Le soir, duvet ouvert et arme contre le corps.

En fait, les attaques d'êtres humains par les ours polaires sont exceptionnelles, moins de cinq par an dans le monde. Pour eux, nous ne sommes pas de la nourriture. Sans compter notre odeur affreuse. Rien à voir avec un phoque bien gras. Les rares accidents sont dus à la curiosité des jeunes mâles qui blessent ou tuent en voulant jouer. Ou à l'instinct de protection des femelles envers leurs petits, que parfois des photographes dérangent. Un hiver au Spitzberg j'ai éloigné deux jeunes en secouant en l'air la toile de tente que j'étais en train de démonter. Face à l'inconnu, malgré sa force, il est toujours craintif. Deux coups de feu en l'air suffisent presque toujours à l'effrayer. À part dans les endroits où il n'est pas chassé et où il ne craint pas l'homme : dans ce cas, il faut faire attention, les détonations peuvent l'attirer.

L'ours blanc est devenu dans les médias le symbole du réchauffement de la planète : c'est vrai qu'il semble si malheureux, si perdu sur la fameuse photo, tout seul sur son petit morceau de banquise qui dérive. La plupart des gens ont dû penser qu'il en était prisonnier. Mais si cela avait été un film, on aurait pu le voir plonger à l'eau et s'éloigner à la nage. « Ursus maritimus » : l'ours blanc est un mammifère marin – comme la baleine –, semi-aquatique, capable de nager, en agitant ses quatre membres, cent kilomètres par jour ! Ses énormes pattes avant sont palmées, les arrières servent de gouvernail. Sur terre comme dans l'eau, il est incroyablement rapide. Des ours sur des plaques de banquise dérivantes, j'en ai vu des centaines. Ils s'en servent pour se reposer pendant une traversée. Ou pour surprendre des phoques. Ou parce qu'ils avaient juste envie de monter dessus.

De même, un film pris d'hélicoptère montre une femelle affolée (par le bruit des pales), incroyablement amaigrie. Déduction logique du spectateur : le réchauffement climatique la prive de nourriture, elle va bientôt mourir de faim... Mais quand elles allaitent, les ourses peuvent jeûner de six à huit mois. Les oursons sont tellement vulnérables que la mère ne quitte pas la tanière, les protège et les nourrit. Quand elle en sort, elle n'a plus que la peau sur les os mais va se gaver de gras de phoque, de baies ou de poissons pour retrouver son poids. Une femelle a été pesée en novembre à quatre-vingt-douze kilos. Neuf mois plus tard, en août, elle en faisait cinq cent cinq. Une étude a été menée sur huit cents animaux au Spitzberg pendant cinq ans : aucun n'a montré de signe d'amaigrissement.

Le réchauffement climatique est avéré et inquiétant, sans aucun doute dû à l'activité humaine et aux gaz à effet de serre, mais l'ours polaire le symbolise mal. En revanche, moins de banquise, cela pourra signifier moins de phytoplancton, le tout début de la chaîne alimentaire. Donc moins de zooplancton, le krill, nourriture des poissons et des cétacés. Et ceci est une vraie menace pour l'Homme. Mais il est difficile de mobiliser les opinions publiques sur le sort du phytoplancton, algues quasiment invisibles à l'œil nu. Pas de photo émouvante du « bébé phytoplancton »...

La population mondiale d'ours polaires, espèce considérée comme « vulnérable », est estimée à environ vingt-cinq mille bêtes, dont quelque huit mille au Groenland. Le quota de chasse autorisé, avec un permis spécial, est d'une centaine par an. Il n'est pas toujours atteint. Au regard des deux mille cinq cents naissances d'ours par an, la chasse autochtone par les Inuits est loin de représenter une menace pour l'animal. C'est autre chose en Russie où malgré une interdiction il est possible en certains endroits, en payant très cher, de les tirer depuis des hélicoptères.

Les polluants industriels, en revanche, apportés aux pôles par les courants marins peuvent menacer les phoques, empoisonner leur viande et donc directement les ours. Ces produits (mercure, polychlorobiphényles ou PCB, retardateurs de flamme) que les pays industrialisés rejettent dans l'atmosphère sont emportés par les courants aériens et retombent sur les régions polaires. Ils intègrent la chaîne alimentaire dans le plancton, qui filtre les nutriments apportés par la pluie ou la neige. Ils sont persistants, ne se dissolvent pas dans l'eau et ne sont pas assimilés : ils se concentrent dans les algues, puis le krill, puis le poisson, puis le phoque, puis l'ours. Des taux de concentration très élevés de produits hautement toxiques ont été trouvés dans les chairs et, surtout, le gras du phoque et de l'ours.

Tout au sommet de la chaîne alimentaire : l'Inuit. Dans le village d'Ittoqqortoormiit sur la côte est du Groenland, le lait maternel des femmes a été testé. Les taux de concentration en polluants sont tels que l'allaitement des bébés a été interdit et leur lait classé « déchet toxique ». Difficile à faire comprendre aux chasseurs : rien n'est visible. L'ours ne paraît pas malade, sa viande semble saine, son goût inchangé. Et celui qui parvient à imaginer le processus hausse les sourcils quand on le lui explique : « Que veux-tu que l'on mange, ici, à part du phoque et de l'ours ? » Les chasseurs inuits ou du Nunavut (Canada) sont d'autant moins une menace que pour eux l'ours, *nanoq*, roi des animaux, est l'objet d'un quasi-culte. Comme leurs pères, ils le chassent, le tuent pour sa peau, sa viande. Jamais par plaisir.

Julunguaq, l'un des meilleurs chasseurs du district d'Upernavik, me l'a appris un hiver. D'abord, ne pas le nommer. On ne va pas à la chasse « à l'ours », on part « à la chasse ». Car *nanutoq tusarpaat*, « l'ours entend tout ». Ne pas dire du mal de lui, ne jamais l'insulter ou le mépriser à voix haute. Un matin, nous partons à deux sur son traîneau, direction la pleine mer. Un mètre de banquise. Julunguaq a sélectionné ses chiens : certains sont terrifiés par l'ours, glapissent de peur à son odeur ; d'autres iront le mordre à tout prix, quitte à être déchiquetés. Pour sélectionner les bons chasseurs, il se glisse sous une peau d'ours et marche, imitant sa démarche, entre les chiens enchaînés près de la maison. Certains se recroquevillent, glapissent queue entre les jambes. D'autres aboient de toutes leurs forces. D'autres, les élus, tirent sur les chaînes, montrent les crocs en silence, attendant de bondir s'il passe assez près. Ils doivent être puissants, courageux et calmes : pas question de traquer *nanoq* avec des braillards qui vous feraient repérer à des kilomètres.

Julunguaq sait où commencer la traque, connaît son habitat, ses lieux de chasse et de passage. Très vite, nous trouvons les traces. Des empreintes larges comme deux mains humaines, bien enfoncées dans la neige. Les chiens accélèrent. Ça y est, le voilà, silhouette au loin. Il nous a sentis, se lève sur ses pattes arrière. Julunguaq ralentit l'attelage : ne pas l'effrayer. S'il va vers l'eau libre et plonge dans l'océan, c'est fini. Les chasseurs d'ours rentrent souvent bredouilles. Soudain, plus de traces, plus rien. Comme par enchantement, elles ont disparu. L'attelage s'arrête. Les chiens sont à l'affût, tendent l'oreille, regardent tous derrière en même temps. Le chasseur descend du traîneau, attrape une pincée de neige, la jette en l'air, se tourne dans toutes les directions. « Celui-là, on l'a perdu. *Nanoq* est rusé, il s'échappe. » Demi-tour.

Et là, face à nous, à trois cents mètres : le voilà. Prédateur ultime, sûr de sa force et de sa domination des lieux, il ne connaît pas la peur. Ni des chiens, ni des hommes, ni d'aucun autre animal. Sa force est herculéenne : quand il surprend un phoque qui pointe le bout de son museau dans un trou de respiration, ses muscles et la puissance de ses griffes lui permettent de faire voler dans les airs, au-dessus de son épaule, des bêtes de deux cents kilos... « Tu vois, sourit Julunguaq, il a plongé dans un trou de banquise, nagé sous l'iceberg pour ressortir dans notre dos. C'est lui qui nous traque. » Nous filons vers la montagne, grand détour pour passer sous le vent. *Nanoq* nous a suivis un moment puis a laissé tomber ce drôle de gibier et repris sa route, sa chasse. Son odorat lui permet de sentir à deux kilomètres des trous de phoque enfouis sous deux mètres de glace. Son mets favori, ce sont les blanchons, les bébés phoques, bien au chaud dans leurs nids de neige. L'ours les sent, se dresse sur ses pattes arrière, retombe, écrase tout et s'empare des petits qu'il dévore.

Nous faisons volte-face. Le vent souffle contre nous, il ne peut plus nous sentir. Julunguaq arrête l'attelage : avec son couteau, il tranche les sangles de cinq de ses chiens. Les méchants, les féroces, les chasseurs d'ours. Ils partent en trombe, sans un aboiement. En quelques secondes, ils sont sur lui. L'encerclent, l'attaquent, tentent de le mordre. L'ours se dresse, se bat, donne de grands coups de pattes : quand il touche un chien, celui-ci vole en l'air en hurlant, le flanc déchiré. Mais les autres ne le lâchent pas, déchirent dos, cuisses, pattes. Sans répit, ils avancent, reculent, harcèlent, mordent. Encerclé, blessé, l'ours semble ne pas comprendre comment quelque chose peut s'attaquer à lui. Taches rouges sur la neige.

Julunguaq arme le fusil. « Toi, tu restes sur le traîneau. N'approche pas. » Il avance à pas lents. Comme s'il avait deviné d'où vient le vrai danger, l'ours tente de briser le cercle des chiens pour attaquer l'homme. Bang ! Trente mètres, une balle dans le cou. Il s'effondre, assis, puis couché sur le flanc. Les chiens se ruent, mordent, déchirent. Le maître les éloigne à coups de pied. Debout devant la carcasse, il le regarde, s'assure qu'il est bien mort. Lentement pose le fusil, crosse contre neige. Approche sa main, caresse la fourrure. « *Qujanaq* », « merci ».

Il faut faire vite. Ouvrir la bête en deux avec le coutelas. Les viscères aux chiens. Pas le foie : saturé en vitamines A, il est toxique même pour eux. Couper la tête, écorcher la peau avec soin, laisser les griffes accrochées aux pattes. Plier la peau comme un manteau géant. Découper aux articulations de gros quartiers de viande que l'on enveloppe dans une bâche. « Nicolas, fais comme moi » : il coupe un morceau de viande, un bout de gras, trempe dans le sang frais et mord en souriant.

En rentrant à Nutarmiut, Julunguaq va conforter sa réputation : c'est l'un des meilleurs chasseurs d'ours du Groenland. Il en tue cinq ou six par an. Si tous les Inuits de la grande île ou presque sont chasseurs et pêcheurs, pour le « gros gibier » de l'Arctique (ours, narval, baleine), il faut un permis spécial. Ils ne sont pas nombreux à l'avoir : une dizaine par village. Et encore, beaucoup se disent chasseurs d'ours pour le prestige, mais peu ont le traîneau et les chiens capables de le traquer et partent effectivement à sa poursuite.

La peau, la tête, les griffes ou la viande ne peuvent être vendues que localement : il est interdit de l'exporter, même au Danemark. Alors on fait des échanges. Avec les pêcheurs, contre de la baleine ou du narval. Au magasin, contre des balles ou des outils. La peau, tirée sur une claie de bois, va longtemps orner le balcon de la maison. À côté, un crâne et ses dents énormes. Un morceau sera cousu pour faire le pantalon, très large et court, pour la chasse.

J'ai longtemps été persuadé que ce prédateur extraordinaire, carnassier surpuissant, ne pouvait être apprivoisé. Jusqu'à ce que je sois appelé, en février 2009, comme consultant sur le tournage d'*Ao*, le film sur les hommes de Néandertal de Jacques Malaterre. Je l'avais rencontré trois ans plus tôt, pour les repérages au Groenland d'un film qui ne s'est pas fait. Il m'a demandé de venir à La Bourboule, dans le Massif central, où il doit tourner dans la neige la scène où son héros est attaqué par un ours polaire. Je conseille sur la façon dont l'ours bouge, menace, attaque. La production a fait venir, à grands frais dans son avion spécial depuis Vancouver, le seul ours polaire apprivoisé au monde : Aggie, une splendide femelle de 13 ans et six cents kilos. Son dresseur, Mark Dumas, l'a acheté à un zoo suisse quand elle avait huit semaines.

Il entre dans sa cage, lui met un collier autour du cou et ressort avec l'ourse en laisse au bout d'une chaîne... Je ne peux m'empêcher de reculer. Les autres membres de l'équipe ne bougent pas. « Restez pas là, les gars. Vous ne vous rendez pas compte, c'est pas un chien, un ours polaire... » Une simple barrière électrique, comme pour garder les vaches, suffit à la contenir dans un enclos. « Elle ne pourrait bien sûr pas l'arrêter si elle voulait vraiment sortir », m'explique le dresseur, mais la petite décharge est un signal qu'elle reconnaît et respecte. Si elle s'en approche, le coup de sifflet d'un assistant suffit à la faire reculer.

Mark Dumas joue avec elle, met la main dans sa gueule, se roule par terre comme avec un chien. Je n'en crois pas mes yeux. D'un geste, elle peut le décapiter. Il la récompense par des chocolats, des morceaux de saucisse ou de pizza. Pas vraiment le régime alimentaire des ours polaires, mais bon... Aucune femme ne doit approcher le dresseur : jalouse, Aggie ne le supporterait pas. Soudain, l'ourse lève la tête, hume l'air, tire la langue. Sur la colline, là-bas, des touristes avec un chien. Le dresseur s'immobilise. Danger. D'un signe de tête, il ordonne à un assistant de sauter sur un Ski-Doo. Il fonce les éloigner.

Aggie peut sur commande se lever sur les pattes arrière, ouvrir la gueule, grogner, menacer. Pas question toutefois de lui faire mimer le combat avec un homme. Trop dangereux. Pour cela, la production a fait venir, également du Canada, un costume d'ours blanc sophistiqué. Une structure de trente kilos avec une tête entièrement animée, créée pour Hollywood. C'est un « animatronics » : grâce à deux boîtiers de commande, les techniciens peuvent lui faire ouvrir la gueule, retrousser les babines, bouger les narines et les yeux. Même de près l'illusion est complète.

À la dernière minute, le cascadeur prévu pour enfiler et animer le costume renonce. Je fais la même taille (1 m 90) et, s'il y a bien une chose que je connais, c'est comment bouge un ours polaire. Jacques Malaterre me demande de le remplacer. Dans la peau d'un ours, bien sûr...

« O.K., rendez-vous demain à 3 heures pour la préparation.

– Ah bon, vous ne travaillez que l'après-midi ?

– Non, non, 3 heures du matin... »

Pendant que les acteurs endurent leurs trois heures de maquillage – faux nez, front proéminent, perruques hirsutes –, j'enfile le costume. Fourrure synthétique, harnais sur les épaules, gants pour les griffes. Mes yeux sont au niveau du torse mais rien n'est prévu pour que je voie. Je joue en aveugle, marche en me balançant, roule des épaules, envoie de grands coups de pattes, conseillé par Jacques qui me dicte les mouvements.

Aux répétitions, je tente de bouger comme un ours, d'attaquer comme lui, me dandine d'une patte sur l'autre. Pour finir, je dois me jeter de tout mon poids sur Ao qui me transperce de sa lance. Trois essais, quatre. Pas vraiment ça. À chaque saut, j'encaisse sur les épaules et le cou tout le poids de la structure. Au cinquième, j'emporte tout dans mon élan et renverse la caméra. Je crois avoir fait une bêtise, Jacques est ravi. Je suis épuisé, le dos en compote. Je comprends mieux pourquoi le cascadeur a renoncé...

6

La base secrète

Mon nom circule dans le petit monde des expéditions polaires. Je commence à accompagner pour mon propre compte des clients privés. Le grand classique reste la traversée de la calotte glaciaire, au Groenland, au niveau du cercle arctique. Environ quatre semaines d'effort intense, dans un décor lunaire, à ski en tirant les pulkas.

Serge, 63 ans, ingénieur en armement à la retraite, est venu deux fois avec moi pour des raids plus courts, une fois au Nunavut, une fois sur la banquise. Entre-temps, il a subi un triple pontage coronarien. Bien remis, il m'appelle : « Nicolas, je veux faire une traversée de calotte. Les médecins sont d'accord. À mon âge, ce sera ma dernière grande aventure. » Il veut emmener avec lui Hogan, un ami belge, opéré du dos après une grave chute. C'est à ce moment-là que Franck Bruno, le Corse amputé du tibia, me recontacte. « Faisons quelque chose ensemble. » Nous nous voyons à Paris.

L'idée d'emmener dans mon monde de glace et de neige une équipe de bras cassés, de vulnérables, d'accidentés de la vie, me séduit. Guider des sportifs, des adeptes de l'exploit bien entraînés, je sais faire. J'ai traversé six fois la calotte. Mais à la limite ils n'auraient pas besoin de moi, cela ne m'amuse plus vraiment. En revanche, avec des clients comme Serge, Hogan et Franck, des gens pour qui c'est a priori impossible, l'aventure humaine serait au moins aussi passionnante que l'aventure tout court. L'aventure pour elle-même, mais surtout pour le partage. Je propose le projet à Franck : il a déjà goûté au Grand Nord lors d'une expédition de cinq jours au pôle Nord après avoir été déposé en hélicoptère. Il saute dessus.

Un an de préparation, budget de huit mille euros par personne. Le cardiologue de Serge assure que ses artères sont à la hauteur du défi, que le froid n'est pas un problème. Il faudra simplement veiller à ce que son rythme cardiaque ne dépasse pas 130 pulsations/minute. Pas évident. Franck, très sportif, s'entraîne sur les montagnes corses à tirer une pulka avec sa prothèse, un pied et un demi-tibia artificiel. Le dos de Hogan est réparé. Quand je raconte mon projet, les sourcils se lèvent. « Ben toi, sourit Jean-Luc, le patron de Grand Nord Grand Large, tu aimes vraiment les ennuis... »

Sur le parcours que j'ai choisi, six cents kilomètres entre Kangerlussuaq et Isortoq en traversant le cercle polaire, une expédition normale mettrait environ trois semaines à raison de vingt à vingt-cinq kilomètres par jour. Là, pour les prévisions et le calcul de la nourriture, je réduis la progression quotidienne à dix-huit à vingt kilomètres, donc jusqu'à un mois. Au menu : nouilles japonaises déshydratées, soupes en sachets, céréales, lait en poudre, chocolat, pain d'épice, fromage, graines salées, barres énergétiques et charcuterie corse. Un plat lyophilisé sophistiqué par soir (brandade, couscous, pâtes) et en desserts : compotes, mousse au chocolat, riz au lait. Étant donné l'effort, il faut prévoir entre cinq et six mille kilocalories par jour – pour un sédentaire, deux mille cinq cents suffisent... De l'huile d'olive dans des sacs à glaçons : rien ne décongèle dans les pulkas. Un petit glaçon d'huile dans la soupe le soir ou directement dans la bouche... Délicieux. Chargés, vérifiés, nos traîneaux dépassent les cent dix kilos.

Il a fallu, des mois à l'avance, déposer un dossier et obtenir une autorisation de traversée auprès du Danish Polar Center à Copenhague. C. V. des participants, qui doivent avoir au moins une expérience polaire, du guide, liste du matériel, numéros de téléphone satellite, de balise Argos, attestation d'assurance qui doit couvrir soixante-dix mille euros par personne. Avec un itinéraire précis : les autorités doivent chaque jour savoir où nous comptons dormir. Ils imposent des dates limites – après et avant, trop dangereux – et des procédures. Le permis est devenu payant. S'il faut venir nous chercher, ce sont les assurances que nous avons souscrites qui rembourseront les frais de recherche, mais uniquement en cas de pépin. Si vous renoncez parce que c'est trop dur, les frais sont à votre charge.

Avril 2007. L'Airbus d'Air Greenland venu de Copenhague nous dépose à Kangerlussuaq, dans les terres, l'un des deux aéroports internationaux du Groenland. De là, un petit camion 6 x 6, ancien véhicule de l'armée américaine reconverti pour le tourisme, nous prend en charge. Kangerlussuaq et son immense piste d'atterrissage ont été la première base construite par les États-Unis au Groenland, pour ravitailler l'Angleterre pendant la Seconde Guerre mondiale, quand le rayon d'action des avions-cargos ne permettait pas les vols directs.

Notre destination : le « point 660 », à l'ouest de l'aéroport, au pied de la calotte glaciaire. Volkswagen y a autrefois construit une piste d'essai pour ses voitures tout-terrain. Point de départ classique des traversées. Nous sommes entassés à l'arrière, bien au chaud, quand le pilote descend sur un petit lac gelé. En principe, aucun problème en cette saison. Un craquement : la glace cède sous notre poids. Les deux roues arrière dans l'eau, le niveau monte au-dessus des vitres à côté de nous. Le pilote accélère, la puissance des quatre roues avant nous sort du trou... Bon début.

Il nous dépose à la limite de la moraine. Devant nous, la montée sur la calotte. Une centaine de kilomètres, au moins une semaine d'effort intense dans un champ de crevasses. J'ai beau prévenir mes compagnons, comme ceux des expéditions précédentes, rien ne peut préparer à la difficulté de l'entreprise, dès les premiers mètres. Il faut souvent, pour passer les passages les plus raides, tirer et pousser les pulkas les unes après les autres, un devant et trois derrière. Elles se mettent en travers, glissent vers le bas, entraînant leurs tireurs. Dès le départ, avec sa prothèse, Franck boîte, souffre, trébuche. C'est beaucoup plus dur que prévu. Rien à voir avec les montagnes corses. Sa pulka le retient, le coince, le fait tomber. Assis dans la neige, il rigole : « Elle est pas belle, la vie ? Ça pourrait être pire, je pourrais avoir une jambe en moins... » Pour la première fois, je filme tout en vidéo. J'ouvre la voie, détache ma pulka, descends pour filmer, remonte. J'encourage, accompagne, galvanise ces équipiers moins forts et plus attachants que ceux que j'ai guidés jusqu'à présent.

Sur mon écran GPS les images satellite, précises à cinq mètres près, de notre itinéraire en été. Maintenant que tout est recouvert, je m'en sers pour tenter de prévoir l'emplacement des crevasses, la solidité des ponts de neige. Avec l'expérience, ces données et la topographie des lieux me permettent le plus souvent de les deviner. Pour de rares passages délicats, nous nous encordons. Mais rien ne dit que cela est vraiment plus sûr : si l'un de nous est précipité dans une crevasse, qui peut faire plusieurs centaines de mètres de profondeur, le poids des pulkas pourrait entraîner tous les autres. « Dans mes traces ! Restez dans mes traces ! »

Le premier jour, nous ne progressons que de quatre à cinq kilomètres. Ils ont tous un GPS : je tente en vain de les persuader de ne pas le regarder, rien de pire pour le moral. « 5 kilomètres de franchis, il en reste 595 et je suis déjà cuit… » Franck souffre : avec le froid, le moignon de son tibia se rétracte plus que prévu. Les cicatrices sont douloureuses. La prothèse, qu'il a commis l'erreur d'emporter neuve, n'est plus bien adaptée. Il s'arrête, s'assoit sur la pulka et entreprend, avec la lame de son Leatherman, de la rectifier. Cela ne fonctionnera jamais : les cicatrices lui feront toujours mal. Il souffre, pleure, serre les dents, rigole, jure, maudit le ciel. Avance.

Sur la calotte les vents puissants et bien établis sont la règle, les belles journées l'exception. C'est souvent le grand bleu mais cela souffle sans répit. Nous accrochons des rubans – Franck a un drapeau à tête de Maure – à nos bâtons, qui nous indiquent la direction du vent et donc le cap à suivre. Tôt dans l'après-midi, il faut trouver l'emplacement du bivouac. J'explore les lieux, sonde la neige à la recherche de crevasses. Quand j'ai trouvé le bon spot, il faut placer pour chaque tente deux pulkas en protection, le temps de sortir la toile et de la fixer au sol avec un piolet. Si une rafale l'emporte, c'est fini. Impossible de la rattraper, rien ne l'arrêtera. Et sans tente, c'est la mort assurée. Il faut ensuite fixer les arceaux, découper des blocs de neige pour en faire des briques qui vont tenir le pied des toiles. Au fil des jours, on organise la tente avec de plus en plus de soin : petits murs de neige pour dévier le vent, bancs et tables pour les repas, tranchée pour ranger le matériel, grande paroi devant les tentes les jours de grand beau temps pour pouvoir manger dehors...

Après des heures d'effort solitaire, c'est bon de se parler, blaguer, faire autre chose, construire, s'activer. Récupérer le ravitaillement dans les pulkas, qui doivent être rangées au millimètre. Faire fondre la neige sur les réchauds pour obtenir de l'eau, dîner. Dans la tente deux places, on est enfin à l'abri du vent, de la neige. Il fait chaud car on n'a pas arrêté de bouger. On entend les sifflements sur la toile, plus besoin de sortir avant le matin. Le bonheur simple de manger, de se glisser dans l'épais duvet. Pour la première fois depuis la veille, une sensation de chaleur. Sur les oreilles de Franck, un casque et, dans son MP3, ses chers chants corses...

Au bout d'une semaine, la pente s'adoucit. « Courage les gars, dans un jour ou deux, nous sommes sur le plateau ! Dans ma trace. » Les dernières crevasses. Nous avons passé les deux mille mètres, dont mille quatre cents de dénivelé depuis le départ. Soudain, des hurlements. « Nicolas ! Nicolas ! » Je vois Serge agiter ses bâtons. Pas Hogan : il s'est éloigné de la piste, a enlevé ses skis. Tombé dans un trou, il se retient par les bras, les deux pieds dans le vide. « Serge ! Surtout, tu bouges pas de là ! Ne bouge pas ! » Je détache ma pulka, attrape une corde. M'approche de Hogan en rampant. Fixe une broche à glace, passe la corde dedans. Du bout du bras, je glisse un mousqueton dans le harnais de Hogan. Ça y est. « Tu touches quelque chose avec les pieds ? – Non, rien. » Franck vient m'aider, nous le hissons, le tirons de là. Tout le monde tremble. Longue pause, nous préparons le thé. Une heure plus tard, on en rigole. « Les jambes dans le vide, ça fait bizarre », sourit Hogan. Nous continuons un peu, établissons le camp pour la nuit.

À l'aube, au moment de plier les tentes, Serge me prend à part : « Nicolas, je n'ai pas fermé l'œil de la nuit. » Il a été plus secoué qu'il ne l'aurait cru par la mésaventure de son ami. « J'ai de terribles angoisses, je ne peux pas dormir, peur de ne pas me réveiller. C'est atroce. » Je tente de le calmer, le rassurer. « Tu sais quoi, Serge, pas de problème. On va rester ici aujourd'hui. Une journée de repos, après une semaine en montée, cela fera du bien à tout le monde. Dors, mange, ça ira mieux demain. » Nous passons la journée à ranger les pulkas, sieste, cuisine améliorée, coup de fil aux familles avec les téléphones satellite. Mais le lendemain matin cela ne va pas mieux. Serge se sent coupable, s'en veut de nous retarder mais les angoisses persistent. « J'ai peur de fermer les yeux. Peur de la mort. Je revois les épreuves que j'ai dû traverser il y a trois ans, lors de mon opération. » Il s'est fait mal au côté gauche, côté cœur, souffre. J'appelle un ami urgentiste. Il me rassure. Nous patientons un deuxième jour. « Mais tu sais, Serge, demain il va falloir prendre une décision. » Le lendemain, soulagé, il renonce. « Est-ce que le destin ne veut pas que j'aille là-bas ? Je respecte le destin, je ne le force pas », dit-il. J'appelle Air Greenland, donne nos coordonnées GPS. Contre quatre mille euros, un petit bimoteur Twin Otter rouge, sur skis, glisse près de nous le lendemain et remmène Serge à Kangerlussuaq, d'où il s'envole vers Paris.

Nous continuons à trois. Sur l'immense plateau central du Groenland, la progression est plus facile, malgré le vent. Il faut s'astreindre à une routine, incroyablement solitaire malgré l'effort partagé. Cinquante-cinq minutes de ski, cinq minutes de pause. Une barre énergétique, un thé, repartir. Nous atteignons les trois mille mètres d'altitude, point culminant de l'expédition. À cette latitude nord, le manque d'oxygène équivaut à cinq mille mètres dans l'Himalaya. Gérer son effort. Entrer en soi-même. Face à ce désert, à cette immensité désolée, nous passons des heures sans parler. Le rythme régulier des skis dans la neige, le crissement des pulkas, le souffle de la respiration, les douleurs qu'il faut apprivoiser. Pas un animal, pas un rocher, pas une ligne verticale. Le grand vide blanc. Seul avec ses pensées, ses peines, ses joies.

Une traversée de calotte, c'est avant tout une aventure intérieure. On en revient changé. On ne vient pas ici par amour de la nature, plaisir de skier, goût de la découverte ou de l'exploit mais pour se prouver quelque chose. Trouver en soi les ressources d'arriver de l'autre côté. Et on n'y décèle que ce qu'on y apporte : ses problèmes, ses angoisses, ses doutes, ses forces et ses faiblesses. Tout est exacerbé. Dehors, autour de toi, il n'y a rien. Franck, en tête à tête avec sa douleur, que les cachets apaisent à peine, masse son moignon, l'enduit de crème. Sur la calotte, le moindre pépin physique peut prendre d'énormes proportions : il faut prendre soin de ses pieds, soigner les ampoules, les gelures. J'ai négligé un trou dans l'une de mes bottes : bilan, plante des pieds gelée. Je découpe la peau aux ciseaux. Ça va aller...

La moindre faille psychologique peut s'ouvrir comme un gouffre. La moindre péripétie occupe la journée : un matin, venu de nulle part, un petit traquet motteux – passereau migrateur – se pose sur mon épaule. Puis sur une pulka. Lui non plus, il n'est pas d'ici. Il traverse. Fait une pause sur les objets noirs, plus « chauds ». Dans quelques semaines, il sera en Afrique. Il nous émerveille pendant de longues minutes puis reprend son vol.

Nous profitons d'une journée bien ensoleillée et sans vent pour faire notre toilette : un petit bol d'eau chaude, des poignées de neige, un savon et tout nus sur la banquise !

Repartir propres : très bon pour le moral. Et un jour là-bas, au loin, un gros point noir. Je l'attendais, le cherchais depuis des heures. Il semble proche mais il faudra la journée pour l'atteindre. Des bâtiments de tôle noire, trois immenses coupoles blanches : Dye-2, ancienne base de radar polaire de l'armée américaine. Elle faisait partie de la Danger Early Warning Line (« Ligne d'avertissement précoce du danger ») : un chapelet de bases arctiques américaines destinées à déceler le plus rapidement possible, pendant la guerre froide, des tirs de missiles ou des mouvements de troupes soviétiques.

Le Grand Nord a longtemps été considéré, dans les années d'après-guerre, comme un possible champ de bataille. Aux États-Unis, *they think big*, « ils voient les choses en grand ». Pour surveiller les mouvements de l'ours russe et se donner le temps de réagir à une offensive terrestre ou aérienne, le Pentagone va construire à partir du milieu des années 1950 un réseau de soixante-trois bases radar et d'observation, de l'Alaska à la terre de Baffin, sur près de dix mille kilomètres le long du 69e parallèle, à environ trois cents kilomètres du pôle Nord. Un projet titanesque, qui va engloutir des fortunes et faire travailler plus de vingt-cinq mille personnes, sous la direction de l'US Army Corps of Engineers. Au Groenland, quatre bases vont être installées sur la calotte glaciaire : Dye-1, 2, 3 et 4. Le nom vient du cap Dyer, au Canada, où est implantée la base principale recevant les données et images radar collectées sur l'île. Dans chaque base, une centaine de soldats, techniciens et civils passaient des mois, isolés dans l'immensité blanche, à surveiller, écouter, tenter de prévoir les mouvements de l'Armée rouge. Rien n'est jamais venu du Nord pour les faire héros. Le désert des Tartares, version polaire.

Construite en 1960, Dye-2 a comme les trois autres été posée sur un océan de glace. Pas question de creuser des fondations, ici le sol est à plus de trois mille mètres. La base a été montée sur d'énormes pilotis, que des vérins hydrauliques surélevaient régulièrement. Cela devait lui permettre de laisser passer la neige dessous et d'éviter d'être enfouie sous d'énormes congères. Depuis qu'elle a été désertée, elle s'enfonce doucement. Dans trente ans, elle aura été avalée.

Pour accéder à la porte d'entrée, nous descendons d'une trentaine de mètres sous la base afin d'atteindre les pilotis et remonter par un escalier à moitié enneigé. La porte est presque fermée, le sas d'entrée rempli de neige. Nous pénétrons dans un tombeau, les images de films de science-fiction plein la tête. « C'est pas possible, s'écrie Franck, c'est le vaisseau d'Alien ce truc... » Plus un bruit du dehors mais les sons caverneux de la base, comme si elle respirait. Couloirs sombres, pièces en enfilade, coursives encombrées de matériel.

En 1989, juste avant la chute du mur de Berlin, Washington donne l'ordre d'évacuer Dye-2 devenue inutile. De toute façon cela faisait longtemps que les sous-marins nucléaires lance-missiles, qui peuvent tirer leurs charges d'apocalypse de n'importe quel point du globe et dont on sait aujourd'hui qu'ils patrouillaient sans cesse au large des côtes américaines, avaient rendu obsolète la Danger Early Warning Line. Un repli à l'américaine : un jour, parce qu'évacuer le matériel aurait coûté plus cher que sa valeur, ils sont partis, laissant tout sur place. Conserves de légumes et de viande dans le mess, table de billard, canettes de bière et de coca, tabourets renversés, livres sur les rayonnages, magazines, outils et équipements de toutes sortes. Dans certaines chambres, les lits sont encore faits. Photos de familles blondes et souriantes aux murs. Posters de Harley ou de filles en micromaillots. Des feuilles dans les tiroirs, stylos sur les bureaux. De quoi survivre, surveiller l'ogre de Moscou et travailler pour une centaine de personnes.

Dans ce décor de film d'horreur, nous passons la journée à nous prendre pour des aventuriers d'outre-espace. Comme des gosses, nous jouons à nous faire peur. Exploration de la cité interdite. L'impression qu'ils sont partis la veille, qu'il suffirait de baisser quelques leviers pour rétablir l'électricité. Nous prélevons des souvenirs : vis en inox, magazine de pin-up. Les expéditions précédentes ont laissé des traces, messages à la craie. Je retrouve des inscriptions. Nous rajoutons la nôtre : « Première traversée de calotte par un amputé tibial. Avril 2007. Serge, Hogan et Nicolas. » Tout en haut, par des escaliers métalliques, on entre dans la bulle du monstrueux radar. La porte d'un balcon est ouverte : vue imprenable sur la calotte glaciaire. On aperçoit la courbure de la terre !

Nous visitons chaque pièce, à la recherche d'un trésor caché. Je connais les lieux : attention ! surtout ne pas ouvrir les portes marquées « Garbage » (ordures). Elles donnent accès à des fosses où des déchets de toutes sortes, certainement toxiques, ont été jetés au fil des ans. Pas question non plus de dormir à l'intérieur de la base : c'est sinistre, il y fait plus froid que dans un congélateur et elle pourrait s'écrouler sur nous à tout instant. Nous montons les tentes près de l'énorme porte d'entrée.

Ce soir-là, dans le duvet, je raconte à Franck une autre incroyable réalisation polaire américaine : Camp Century. Je n'y suis jamais allé, c'est beaucoup plus au nord du Groenland, très difficile d'accès et sur place rien ne dit qu'il reste quelque chose à voir. Mais j'ai sur mes étagères à Paris un livre sur cette épopée et les films d'archives disponibles sur YouTube sont extraordinaires. Jusqu'à leur publication, nombreux étaient ceux qui pensaient qu'il s'agissait d'une légende. En 1958, toujours face à la menace nucléaire soviétique, des chercheurs, glaciologues et militaires américains imaginent le projet *Iceworm* : rien moins que creuser dans les glaces polaires un réseau de quatre mille kilomètres de tunnels dans lesquels seraient mises en batterie six cents têtes nucléaires, indétectables sous des mètres de glace, prêtes à être tirées. Même Ian Fleming n'aurait pas osé faire naître cela dans l'esprit d'un de ses méchants de *James Bond*. Il faut trouver un site pour une expérimentation grandeur nature : ce sera la calotte glaciaire du Groenland.

Un an plus tard, l'Army Polar Research and Development Center débarque dans le plus grand secret six mille tonnes de matériel dans la base aérienne de Thulé, sur la côte nord-ouest de l'île. Les services secrets russes, auxquels cela n'a pas pu échapper, ont dû être sur les dents... Le but est de construire une véritable ville sous la glace, un ensemble de galeries et de tunnels sur un plateau parfaitement plat, à deux cent quarante kilomètres à l'est de la base. C'est l'été polaire : on commence par tracer une piste au bulldozer pour atteindre la calotte. Là, outils et matériaux sont chargés sur des trains de Polar Cats, d'énormes cabines posées sur des chenilles ressemblant, en plus gros, aux engins de damage dans les stations de ski. Ils tractent des traîneaux géants. Des hommes sont aussi déposés en avion et en hélicoptère, le périmètre du camp est délimité par des drapeaux.

Des chasse-neige géants achetés en Suisse, les Peter Plows, entrent en action : ils creusent dans la glace une tranchée de huit mètres de profondeur et huit de large, longue de trois cent quarante mètres. Ce sera Main Street. De là partent vingt-trois tranchées latérales, de chaque côté. Des toits d'acier en voûtes préfabriquées sont posés, recouverts de neige, créant des enfilades de tunnels de glace. Pour construire murs et cloisons à l'intérieur, on taille, à la manière inuit, des briques de neige compacte à la scie. Au sol, des structures de bois pour isoler du froid, sur lesquelles on pose des baraquements de contreplaqué. Tout a été fabriqué, monté, numéroté, démonté et envoyé depuis les États-Unis.

En quelques semaines, la « ville sous la glace » ultrasecrète est creusée et édifiée. En surface n'apparaissent que seize cylindres de métal fermés d'une porte, points d'arrivée des escaliers de secours. Restait le principal : l'alimentation en énergie. Les besoins sont colossaux : c'est un miniréacteur nucléaire, du genre de ceux qui propulsent les sous-marins, qui sert à éclairer et à chauffer Camp Century. Arrivé par le même chemin, dans d'immenses caisses marquées « Portable Nuclear Power Plant » et installé dans une immense grotte de glace, sur des rails de métal, ce réacteur entre en fonction en 1960 et fournit deux mégawatts. L'alimentation en eau potable est assurée par un puits artificiel, dans lequel on injecte de la vapeur d'un côté et l'on pompe l'eau de l'autre. Obtenue en faisant fondre une glace vieille de plusieurs milliers d'années, l'eau est testée en permanence, les scientifiques craignant qu'elle ne contienne des bacilles ou virus oubliés, venus du fond des âges.

Pendant six ans, deux cents soldats, chercheurs, civils vont se relayer dans cette base digne d'un roman d'anticipation. Mais, même si cela semble aujourd'hui difficile à croire, les scientifiques avaient négligé un détail : les mouvements de la calotte. Elle bouge sans cesse. Il fallait extraire et évacuer cent vingt tonnes de glace par mois pour l'empêcher d'écraser les installations. Le réacteur nucléaire à l'uranium 235 est arrêté en juillet 1963, remplacé par un générateur diesel. Pour réduire les coûts, et parce qu'il réalise que le projet *Iceworm* est jugé irréaliste et obsolète juste après avoir été entamé, l'état-major réduit d'abord la présence sur place. Puis décide l'abandon du camp en 1967. Deux ans plus tard, une mission d'exploration de l'US Army se rend sur place : sur les photos qu'elle rapporte on découvre des tunnels à moitié effondrés, mangés par des tonnes de neige et de glace.

L'histoire de la base secrète a alimenté bien des fantasmes : certains y ont vu une porte d'entrée pour des mondes parallèles, d'autres un lieu de stockage des preuves de vies extraterrestres. Elle n'a été révélée en détail qu'en 1997, lors d'une enquête réclamée par le parlement danois. La position de Camp Century, ses points GPS sont aujourd'hui connus. Il devrait être possible de se rendre sur place, à skis ou en scooter des neiges. J'en rêve depuis des années, mais tout porte à croire que sur place, à la surface de la calotte, plus rien n'existe pour attester de sa présence, huit mètres sous la glace. Et les risques de radioactivité sont réels : si l'armée américaine assure avoir évacué le réacteur, ce qui semble plausible, il est certain que des déchets contaminés subsistent, qui pourraient rendre la visite dangereuse.

Le lendemain, dernière virée dans les coursives de Dye-2. Nous prenons des photos, posons devant la porte d'entrée, dans la grande salle. Puis nous plions les tentes et reprenons la marche. La température descend : moins 35 °C, moins 40 °C... Le blizzard nous coupe en deux. Nous marchons moins, cherchons le plus possible l'abri des tentes. Un matin, j'ouvre la fermeture Éclair de la porte :

devant moi, un mur de neige. Une congère de deux mètres de haut nous a submergés, que je casse à coups de poings pour pouvoir sortir.

Parfois, quand vent et mauvais temps se conjuguent, le simple fait d'être dehors est un risque mortel. Il faut rester sous la tente, se blottir dans le duvet et attendre. C'est le « jour blanc » : plus aucun repère spatial, la terre et le ciel se confondent. On peut tomber de sa propre hauteur en marchant, parce qu'on s'est trop penché vers le sol, que l'on ne voit plus. Perte d'équilibre. Difficile à croire et à concevoir pour qui ne l'a pas vécu. Ces jours-là il ne faut même pas sortir pour uriner ; devant la porte de la tente, sous le double toit, ça suffit. L'histoire polaire est pleine de téméraires qui se sont éloignés de quelques mètres et sont morts de froid en quelques minutes, à quelques pas d'un abri qu'ils n'ont jamais retrouvé.

La tempête se calme, nous repartons. Le but est proche, Franck a de plus en plus mal, serre les dents. De terribles ampoules se forment sur son moignon. Comme si son membre amputé était pris dans un étau, comme si on lui enfonçait un tisonnier incandescent dans la jambe. « Oh putaing ! Je n'ai jamais eu aussi mal de ma vie ! » Il augmente les doses d'antidouleur.

Les monts qui marquent l'arrivée se découpent au loin. Ce sont les fameux nunataks, morceaux de montagne qui surgissent de la calotte. Nous approchons, mais si lentement… Et quand nous parvenons enfin aux champs de crevasses qui nous séparent de la fin du périple, c'est pour nous apercevoir qu'un redoux précoce les a rendues infranchissables. Nous installons le camp. Je pars à skis reconnaître les lieux, chercher un passage : tous les séracs sont ouverts, neige et glace ont fondu sur cinq cents mètres. La seule solution serait de descendre dedans en rappel, remonter de l'autre côté, à l'aide de nos piolets-crampons. Impensable. C'est le bout de la route. Nous avons traversé la calotte, l'expédition a touché son but. Il ne reste qu'à appeler l'hélicoptère, donner notre position GPS et attendre. Je retourne au campement. C'est fini. Franck et Hogan sont soulagés, ravis, heureux. Mais quand j'appelle Air Greenland à Ammassalik, à cent quatre-vingts kilomètres de là, problème : le mauvais temps sur l'océan empêche tout décollage. Rappelez demain...

Nous nous installons, faisons l'inventaire de la nourriture. Comme nous avons pris du retard, nous avions depuis plusieurs jours entrepris de nous rationner un peu. Chacun fouille sa pulka. Hogan nous regarde, rougit, éclate en sanglots, avant d'avouer : seul dans sa tente, pendant le blizzard, il a « craqué » et dévoré d'un coup toutes ses réserves. « Excusez-moi, excusez-moi, les gars, j'avais si faim... » Il n'a plus rien. Je fulmine intérieurement. Il nous met tous les trois en danger de mort. Je pense à la réaction probable de mes amis inuits : tu as mangé ta part, O.K. Tu te débrouilles pour les jours à venir. Bon courage. Mais je suis guide et Hogan est un client. Il a payé plusieurs milliers d'euros. J'en suis responsable. Je sors marcher deux minutes, me calme, revient. J'apaise Franck, furieux et outré. Ce n'est ni le lieu ni l'endroit pour régler ses comptes. C'est le rôle du chef de l'expédition de s'assurer que les difficultés de l'entreprise sont surmontées par le groupe. Il faut rester zen, aplanir les angles, résoudre les conflits avant qu'ils n'apparaissent, équilibrer les ego, rassurer, consoler, conforter. Anticiper, penser au coup d'après, comment survivre si les secours ne peuvent nous atteindre. Cela ne m'est jamais arrivé mais j'ai souvent entendu le récit d'expéditions au cours desquelles skieurs ou kayakistes en sont venus aux mains. Dans un tel environnement, si loin de tout secours, c'est un risque mortel. Je regarde Hogan. Mes yeux doivent démentir mes propos mais je lui dis : « Bon, on va partager. » Le lendemain, un sachet de nouilles le matin, un autre le soir. Beaucoup de thé. Plus question de faire confiance à Hogan : nous ne lui donnons ses rations qu'une par une, au moment de manger.

Quand le ciel se lève enfin sur l'aéroport, c'est sur nous que passe la tempête. Pas question de décoller. Le jour d'après, pareil. Je commence à creuser un abri dans la neige pour nous protéger du froid si la température devait continuer à baisser et si nous devions attendre longtemps. Mieux vaut faire des efforts quand on a encore à manger, donc de l'énergie. Après, on ne sait pas.

Nous nous partageons le dernier aliment : une barre Twix coupée en trois. Sept centimètres chacun. Le lendemain, la responsable de l'aéroport me passe le pilote : il reste inquiet des conditions météo. J'insiste : « Mais là, vous savez, on a un vrai problème. Nous n'avons plus rien à manger. Que du thé. » Coup de chance, il reconnaît mon accent français : nous avions sympathisé l'été dernier quand je faisais du kayak près d'Upernavik. Il avait embarqué mon matériel. « O.K., on va venir vous chercher. » Nous levons le camp, plions les tentes et nous réfugions dans le trou à neige. Une demi-journée à tendre l'oreille, jusqu'à entendre enfin : choop-choop-choop-choop. Le voilà. Nous bondissons, sautons de joie. Le pilote se pose, arrête pales et rotor, nous fait signe d'attendre. Ouvre la porte de sa cabine et lance en riant un sac de plastique blanc : sandwich, thé, café, barres de céréales...

Une fois à l'abri, je dis à Hogan ce que je pense de son attitude. Mais la colère est passée, la joie de nous en être sortis efface les rancœurs. Élégant jusqu'au bout, il refusera, rentré à Paris, de payer sa part dans la location de l'hélicoptère, trouvant le tarif trop élevé... Serge, désolé de nous avoir imposé un tel compagnon, paiera à sa place.

7

Plongée dans le Grand Nord

Groenland, Spitzberg, Nunavut, Alaska, Canada, Islande, Sibérie, pays nordiques : je pose ma tente et mes skis de rando dans tous les pays froids et sauvages de l'hémisphère nord. L'été en kayak, l'hiver à tirer la pulka.

Le Pôle, mythique mais assez décevant. Une semaine à skis, avec sept clients. Départ du Spitzberg, archipel au nord de la Norvège, administré par Oslo. Un biréacteur Antonov 74 décolle de Longyearbyen pour la base dérivante russe Barnéo, posée sur la banquise à un degré de latitude du Pôle (cent onze kilomètres). Les Russes sont les seuls à oser construire chaque année une base dérivante sur la banquise du Pôle. En l'honneur sans doute d'Ivan Dmitrievitch Papanine, premier homme à fouler le pôle Nord en mai 1937. Il s'y est fait déposer avec ses hommes en quadrimoteur et va camper et dériver doucement pendant deux cent soixante-quatorze jours avant de rejoindre les côtes du Groenland.

Une piste d'atterrissage, des tentes, des bidons de carburant. De là, une semaine de ski de randonnée. Une banquise vieille, stable, sûre, qui peut avoir quatre mètres d'épaisseur. Par endroits, soumis à des pressions colossales, des morceaux se chevauchent, formant des barrières de trois mètres de haut qu'il faut franchir en tirant les traîneaux. Mais c'est comme avancer sur un tapis roulant :

le Pôle est un point géographique qui est, contrairement au pôle Sud, toujours en pleine mer. Rien ne peut le matérialiser. Au-dessus de lui, la banquise bouge sans cesse. Vous savez que vous êtes sur le toit du monde en regardant l'écran du GPS : « 89° 59' 59" ». « Je suis au sommet du globe ! » Ce n'est pas rien, mais bon… C'est surtout dans la tête.

Émotions, accolades, sourires, photos avec le petit drapeau. Mais déjà l'accompagnateur russe a appelé l'hélicoptère qui arrive quinze minutes plus tard. « Vite, vite, montez ! » Retour à Barnéo. Facture : au moins dix-huit mille euros par personne ! Un business bien rôdé, des centaines de clients par an – souvent frustrés – mais pas vraiment une aventure. Des touristes emmitouflés se font même déposer directement par l'hélicoptère. Quelques minutes sur la neige, une coupe de faux champagne russe, des photos, et ils repartent. Ils ont « fait le pôle Nord ». Tout amoureux des mondes polaires en rêve pendant des années. Une fois que c'est fait, il se demande un peu pourquoi…

Je saute d'un avion à l'autre, d'un continent à l'autre, d'une aventure à une autre. À Paris, pas le temps, pas la volonté sans doute, de construire une vie. Pour mes amis, mes parents, je suis comme un courant d'air – froid. C'est le prix à payer pour vivre cette vie. Certains soirs, après quelques années, seul dans la tente ou dans un studio, je me demande s'il n'est pas un peu trop élevé… Mais le lendemain, à nouveau le nez dans les cartes, surtout là où il y a des zones blanches marquées « Unexplored », sur les sites Internet. Rien n'est trop loin, trop dur, trop froid. Ma vie rêvée d'adolescent. Je suis explorateur…

Côté matériel, en revanche, c'est moins facile. À 36 ans, je parviens à gagner six cents euros par mois, huit cents parfois. Pas vraiment suffisant quand on vit, au moins quelques semaines par an, dans la capitale. Jean-Luc de Grand Nord Grand Large m'avait prévenu : l'Aventure, c'est chouette et exaltant mais cela nourrit rarement son homme. Les sponsors sont rares et ne permettent que de réduire les factures des raids et des expéditions. En plus, quand on en trouve, ils imposent – et c'est normal – des contraintes que je préfère éviter. Il faut être disponible, adapter son planning, vanter les mérites de produits ou de marques. Ils peuvent avoir leur mot à dire sur les destinations, les projets, les équipements. Je comprends que même les grands noms des mondes polaires, ceux qui me faisaient rêver enfant, ont le plus souvent du mal à joindre les deux bouts. Cela ne remet pas en question mon choix mais pose un problème.

Un coup de fil, encore une fois, va fournir une partie de la solution. « Bonjour, c'est Stéphane Peyron. J'ai écrit le scénario d'un film dont l'action doit se dérouler en partie en Sibérie et en partie sur une banquise. J'ai pensé au Groenland. Grand Nord Grand Large m'a donné votre numéro... » Le navigateur, devenu homme de médias, créateur et animateur d'émissions de découverte, veut partir en « repérages » : j'ignore ce que ce terme signifie. Pour moi, il est synonyme d'expédition, de voyage. En fait, il veut visiter des lieux, trouver des décors, éventuellement des figurants, vérifier s'il sera possible d'héberger la cinquantaine de personnes que constitue l'équipe d'un long-métrage. Le préalable obligé à tout tournage important : pas question de déplacer des équipes, du matériel lourd, d'engager des fortunes avant d'avoir l'assurance que vous allez trouver les paysages, les maisons, les gens dont vous avez besoin et que la logistique sur place sera à la hauteur.

ıarsuit, nord-ouest du Groenland. Un iceberg gigantesque est ancré sur les hauts-fonds en face du village. :ntrée du port est bloquée, j'arrive tout juste à me faufiler avec mon kayak pour trouver un village déserté à cause danger que représente cet iceberg. (© ND)

Ittoqqortoormiit, nord-est du Groenland. L'intense activité solaire envoie des particules dans les hautes couches
l'atmosphère terrestre et nous offre de sublimes aurores boréales pendant plus de quatre heures. (© ND)

Neko Harbour, péninsule Antarctique. Le glacier vient de vêler plusieurs centaines de tonnes de glace dans la b
et je me faufile en kayak au milieu des icebergs. (© ND)

ɛe de Pléneau, péninsule Antarctique. J'emmène des touristes en zodiac au milieu de cet immense cimetière à ɔergs. L'un d'eux vient juste de se retourner devant nous et dévoile la partie qui était sous l'eau. (© ND)

ɛe de Disko, ouest du Groenland. Une baleine à bosse nous observe et joue autour du zodiac pendant plusieurs ıutes pour finir par nous saluer d'un magistral saut. (© ND)

Baie de Saint Andrews, Géorgie du Sud. Je dois passer entre des centaines d'otaries pour découvrir une colline co
de plus de 400 000 manchots royaux. (© ND)

Baie de Melville, nord du Groenland. Je ne retrouve plus le glacier que j'avais découvert en kayak il y a cinq a
Il a tellement reculé que, maintenant, il ne subsiste qu'une petite langue de glace et de nouvelles îles vienn
d'apparaître. (© Nathalie Michel)

ıelque part à l'est de Nussuaq. J'accompagne Hans Frederiksen relever ses filets à phoque et le froid mordant : fait regretter de ne pas avoir accepté sa proposition de prendre son vieux pantalon en peau d'ours. (© ND)

: de la Déception, Shetland du Sud. La banquise recouvre encore quasiment la totalité de l'intérieur de la caldera : l'île de la Déception. C'est le moment idéal pour déposer nos passagers sur 40 cm de glace. Je guide le commandant pour qu'il puisse poser le nez du navire sur cette fine couche de glace sans la casser. (© Nathalie Michel)

Kullorsuaq, nord-ouest du Groenland. Pipaluk aide sa grand-mère à tailler un pantalon dans cette peau d'ou
J'étudie la transmission des traditions. (© ND)

Kullorsuaq. Nous allons tester notre prototype de traîneau-kayak qui devrait permettre à des explorateurs polair
de se déplacer sans risque sur une banquise fine. Je vais plonger en apnée sous la banquise. L'eau est à – 1 °C
l'air à – 27 °C. Je contrôle le courant pour ne pas risquer de me faire entraîner sous la glace. (© ND)

r la « route » entre Nutarmiut et Nussuaq au nord du Groenland, je fais du stop. J'attends qu'un traîneau passe · je viens de casser mes fixations de ski. Et sur cette partie de banquise très fragile, impossible de marcher à ›d ! Finalement, personne ne passera et je vais devoir faire un détour de plusieurs jours par la montagne. (©ND)

ie de Melville, nord du Groenland. Je suis Ole et Peter qui partent à la chasse au narval en kayak dans les ıvelles fissures qui viennent de se former sur la banquise. (© ND)

Cuverville, péninsule Antarctique. Un face-à-face très impressionnant avec un phoque-léopard en train de chas un manchot à jugulaire. Une fois son déjeuner terminé, ce carnassier de plus de trois mètres de long vien doucement poser son nez sur mon objectif. (© ND)

Calotte glaciaire du Groenland. Nous partons explorer l'ancienne base radar abandonnée DYE 2. Dernier vest de cette ligne de radar construite par les Américains pendant la guerre froide dans l'espoir d'enrayer une atta de missiles soviétiques. (© ND)

Nous nous rencontrons. Il me précise ce dont il rêve. Je pense tout de suite à l'une de mes régions préférées : la côte nord-ouest du Groenland. O.K., rendez-vous est pris. On part dans six mois, en mars quand la banquise est la plus belle. Il viendra avec sa fille de 12 ans et le réalisateur du film, Jacques Malaterre. Rendez-vous à Roissy, vol SAS pour Copenhague. Direction le Zleep Hotel, modeste établissement de quatrième catégorie, proche de l'aéroport, où je descends avec mes groupes de skieurs ou de kayakistes. Je n'ai pas réservé, il y a toujours de la place. Il est très bien, cet hôtel... pour moi, qui d'habitude déplie mon sac de couchage dans une salle d'embarquement, destination Kangerlussuaq le lendemain matin.

Le taxi ralentit. Jacques et Stéphane regardent la façade, froncent les sourcils, se regardent... « Bon, on ne va peut-être pas descendre là... Le Radisson, devant lequel on vient de passer, là, ce sera mieux. » Quatre étoiles, hall en marbre, une chambre avec baignoire immense pour moi tout seul. Un luxe comme je n'en ai jamais vu. Je pense à la facture mais n'ose pas aborder le sujet. Nous nous retrouvons au bar. « C'est incroyable, un endroit pareil... Merci ! En revanche, il faut que j'aille voir la réception : à ce prix-là, c'est pas croyable, il n'y a rien d'électrique qui fonctionne dans ma chambre. Tout est en panne... » Jacques éclate de rire : « Bon, tu sais quoi : moi, je vais t'apprendre la vie dans les hôtels, toi, tu vas m'apprendre la vie sur la banquise. » Glisser la carte magnétique dans son petit logement près de la porte, je ne connaissais pas...

Je vais vite comprendre qu'entre les expéditions-aventures-découvertes que j'organise et les « repérages » de cinéastes ou journalistes il y a un monde. Et que je ferais bien de me mettre à niveau. Pour Jacques, Stéphane et sa fille, j'avais prévu à Upernavik, comme d'hab', de monter la tente sur le port. « La quoi !? Tu rigoles ? » O.K., O.K., je crois qu'il y a un Danois qui fait un peu hôtel, vers là-haut. Pas de restaurant : je paie une famille pour nous nourrir. « Pas de phoque, *please.* »

Les lieux leur plaisent, ils adorent les paysages, la banquise, les gens. Pour sortir du village, le traîneau et les chiens de mon copain Kaarl. Un traîneau, c'est joli, folklorique, mais quand c'est parti, c'est parti. Tout droit. Pas de frein, il faut attendre que les chiens se fatiguent. Demi-tour. Une heure pour trouver deux Ski-Doo. C'est mieux. Rapide, efficace, on va où on veut, on s'arrête, on repart. Je commence à piger.

Le premier soir, devant des soupes en sachet, Jacques sourit et met les choses au point. « Bon, Nico, il faut que tu comprennes : un tournage, c'est pas des vacances. C'est pas une expédition. C'est pas des loisirs. C'est pas du tourisme. C'est du boulot. Beaucoup de boulot. Et beaucoup d'argent. Alors faut que ça marche, faut que ça pulse. Et que l'équipe soit bien logée, au chaud. Et qu'elle mange bien. Sinon, elle râle. Et ce n'est pas bon pour le film. » Stéphane, qui a organisé des dizaines de tournages dans les coins les plus reculés de la planète, m'apprend un nouveau mot : « fixeur ». Du verbe anglais « *to fix* » : réparer, mais aussi arranger, organiser, trouver ce qui doit l'être, affréter des véhicules, dénicher lieux et personnages. Faire que les choses qui doivent être faites (de préférence hors du commun) le soient. Trouver huit scooters des neiges en vingt minutes, des chaufferettes pour les batteries des caméras, nourrir vingt-cinq personnes au milieu de rien, louer des bateaux, être copain avec tous les hôteliers et loueurs de maisons, connaître par cœur les horaires des hélicos d'Air Greenland. Cela doit devenir une nouvelle corde à mon arc polaire. Et vite.

J'ai eu de la chance : pour faire mes classes je suis tombé sur deux professeurs gentils, patients, drôles, chaleureux, enthousiastes, généreux. Je comprendrai vite que dans ce milieu ils ne sont pas tous de cette eau. Loin de là. Une nouvelle fois, je sors mon petit carnet noir et je note. Hébergement de qualité maximum, camping interdit, chauffage, télécoms, nourriture – là, au-dessus d'une certaine latitude, ça coince un peu –, transports rapides et le plus sûrs possible. En échange je découvre le plaisir de pouvoir louer au besoin avions, hélicoptères, bateaux, Ski-Doo. Engager des chauffeurs, des cuisiniers, des charpentiers, des mécanos. Des coins perdus à des journées de ski où je rêvais d'aller sans en avoir les moyens deviennent accessibles. Je recense les lieux, les gens, les histoires. Je comprends également que si « tu vois Nico, à l'image, cela doit faire Aventure », pour l'équipe de tournage, à part de rares exceptions, il ne faut pas descendre en dessous d'un niveau minimum de confort.

En définitive, le film de Jacques et Stéphane ne se fera pas, pour des raisons financières qui m'échappent. J'apprendrai ensuite que c'est le cas de nombreux projets audiovisuels : beaucoup sont envisagés, préparés, de gros frais engagés, peu arrivent à leur terme. Mais j'ai été payé mille cinq cents euros pour une semaine de travail, dans des conditions optimales et avec des compagnons charmants : rien à voir avec les tarifs d'un guide d'expédition. Et peut-être un moyen de boucler mes budgets.

Quelques mois plus tard, une deuxième équipe me contacte. C'est un petit milieu, dans lequel désormais mon nom circule dès qu'est employé l'adjectif « polaire ». Expérience diamétralement opposée : la journaliste commence par : « Bon, Nico, faut absolument que l'on soit assis côte à côte dans l'avion. » Puis, en vol : « Alors, qu'est-ce que tu m'as préparé comme documentation ? – Euh… rien. » Je comprends qu'elle sait à peine mettre le Groenland sur une carte. Quand je lui dis que là où nous allons il n'y a pas l'eau courante, elle m'explique que cela ne va pas être possible : « Moi, je prends deux bains par jour… » Elle arrive dans le Grand Nord avec des idées toutes faites, des a priori basés sur des clichés, trois poncifs lus dans des magazines et surtout la liste quasi complète des réponses qu'elle veut entendre prononcer par les Inuits à ses questions ineptes. Le montage de son reportage est déjà presque terminé dans sa tête, elle vient juste remplir les blancs. La réalité a intérêt à s'adapter à ce qu'elle veut trouver…

Interview d'un chasseur de phoque. Il est évident qu'il ne peut être, selon elle, que révolté par les taux de métaux lourds que la pollution moderne concentre dans la chair et le gras de son gibier favori. Il est assis chez lui, près du radiateur, torse nu, pantalon en peau d'ours. Un phoque à demi dépecé par terre dans la cuisine. Il ne comprend pas ce qu'elle lui demande. Je traduis : « Mer polluée, des choses mauvaises dans le phoque, danger pour la santé… » « Mais il est très bien, mon phoque… Regardez, il est très frais. C'est très bon ! » La pollution des océans, la bioaccumulation des substances toxiques, le fait que les courants aériens charrient les métaux lourds jusqu'au Pôle : tout cela est à des années-lumière de son monde. Il est à peine allé à l'école, passe ses étés sur l'eau, ses hivers sur la banquise, chasse tout ce qui bouge, regarde peu la télévision et, quand il le fait, c'est la chaîne unique groenlandaise, avec ses concours de danse de salon, son bingo et sa « Nouvelle Star » danoise. La journaliste s'impatiente : « Bon, Nicolas, demande-lui quel est son plus grand souhait. » Elle voudrait entendre quelque chose du genre :

« Que les méchants industriels arrêtent de polluer mon paradis glacé. » Je traduis la question. Dans un grand sourire édenté, il s'exclame : « Emmener ma fille à Eurodisney ! » Je pouffe de rire. Je n'ai pas vu la journaliste quitter la pièce. Juste entendu la porte claquer.

Ce genre de rencontre, heureusement rare, me fait comprendre et apprécier le rôle que je peux jouer auprès des médias : je connais bien, désormais, les régions polaires, leurs habitants, leur Histoire et leurs histoires. Je dois servir d'intermédiaire, de guide, là aussi, pour permettre aux journalistes, documentaristes et réalisateurs de raconter, d'aller au-delà des clichés, de rendre compte de la vie réelle de ces populations. Ce n'est peut-être pas politiquement correct en Occident mais, oui, ils sont chasseurs. Passionnés de chasse, même. C'est dans leur sang, celui de leurs pères. Ils tuent phoques, baleines, ours polaires et bélugas. Mais toujours pour se nourrir, jamais au-delà des quotas restrictifs qui leur sont alloués au titre des pêches et chasses autochtones. Pas de massacres.

Le réchauffement planétaire, la pollution des mers, la surexploitation des océans, bien sûr ils en subissent les conséquences. Au premier chef même. Mais ils n'en ont pas conscience. Comme pour le reste, ils s'adaptent et n'y pensent pas vraiment. Dans un tel environnement, ils n'ont d'autre choix que de devenir des experts en survie, des rois de la débrouille, maîtres dans l'art du « faire avec ». La banquise recule ? Ils bougent avec s'il faut bouger. Les narvals passent plus tôt, plus tard ? Ils les attendent ou se précipitent. Leurs ancêtres se sont adaptés à bien pire. Ils ont vu leurs terres colonisées, leur mode de vie remis en cause, leur univers basculer. Les hot-dogs ont remplacé le phoque. Les excès de sucre ont fait tomber leurs dents. Eux sont toujours là, accrochés à leurs villages coupés du monde. Si vous venez ici chercher des procureurs, des accusateurs ou des victimes larmoyantes, vous allez être déçus.

Peu après, c'est *Paris Match*, cette fois, qui me contacte. Ma première collaboration avec un média de presse écrite. Pour son soixantième anniversaire, le magazine veut renouer avec les « coups » d'exception, les opérations de prestige qui ont fait sa réputation. À la rédaction Romain Clergeat et son équipe ont une idée folle : dessiner en rouge, sur la banquise et de la taille d'un terrain de football, le sigle du journal. Un logo « Paris Match » de cent vingt mètres de long sur quatre-vingt-dix de large. Photographié du ciel, cela ferait la une idéale pour le numéro du soixantenaire. Afin de s'assurer de la faisabilité du projet ils consultent Claude Lorius, légende de la glaciologie française, médaille d'or du CNRS, que j'ai rencontré lors d'une conférence. Il les dissuade : trop compliqué, aléatoire, cela ne va pas tenir, où faire cela ? « Cela dit, ajoute-t-il, si quelqu'un peut vous aider à faire quelque chose comme ça, c'est Nicolas Dubreuil. Demandez-lui. »

Rendez-vous est pris à *Paris Match*. Je les écoute, ils m'expliquent les clichés dont ils rêvent. J'adore l'idée. Personne n'a jamais fait ça. Je les préviens : « Cela va être très froid, cela va être compliqué... mais très drôle ! » Banco. Je pense à Ittoqqortoormiit, le village le plus au nord de la côte est du Groenland, où j'ai souvent skié. La banquise y est stable, solide, les montagnes environnantes fourniront un arrière-plan parfait pour les photos. Nous partons à six, quatre mois plus tard. Fin février, équipement grand froid : cela peut descendre jusqu'à moins 40 °C. Nous louons une maison dans le village et partons en repérages. Parfait : au milieu de la baie, à dix kilomètres, un terrain plat, surmonté d'un iceberg de quarante mètres de haut, idéal pour la photo.

Un système GPS ultraprécis permet de dessiner, au centimètre près, le logo sur la neige. Nous plantons des bâtons, délimitons les à-plats de couleur par des fils. Puis il faut tasser. Avec les skis, des palettes attachées à des cordes, nous aplatissons les espaces entre les lettres. Épuisant. Et avec des pulvérisateurs de jardin nous déversons des litres de pigment naturel rouge sang pour tracer le logo sur la neige. « Paris Match », en grand, éclatant dans l'immensité blanche. Splendide. Grand succès auprès des Inuits : on vient de toute la région, en famille, admirer le chef-d'œuvre.

Le photographe s'élève dans les airs grâce à un paramoteur – parapente équipé d'un moteur de tondeuse à gazon et d'une hélice – que nous avons apporté. Il monte à trois cents mètres et déclenche ses appareils digitaux. Redescend vite, frigorifié. Moins 30 °C, avec le vent relatif, il a ressenti quinze degrés de moins... Les photos sont incroyables, l'effet saisissant. Elles paraissent en double page dans l'hebdomadaire mais la direction a changé d'avis : pour la une du numéro anniversaire, ce sera plutôt une photo de groupe d'actrices françaises.

L'équipe avait imaginé pouvoir suivre le sigle pendant la débâcle, le voir, le filmer en train de se disloquer, peut-être suivre le parcours des fragments dans la mer du Groenland. Le dessin va résister longtemps, survivre aux chutes de neige grâce aux vents qui le balaieront. Des amis du village, bien après notre retour en France, le surveillent et nous donnent des nouvelles, envoient des photos par Internet. Mais fin juin, quand la banquise se disloque, elle émiette à l'infini, en tout petits morceaux, notre œuvre éphémère. Bientôt engloutie par les flots.

Les chasseurs du village de Kullorsuaq, sur la côte nord-ouest, vont apprendre à transporter des équipes de télé ou de cinéma dans leurs traîneaux. Comprendre que cela n'a rien à voir avec la chasse ou même avec des randonnées habituelles. Ils vont discipliner leurs chiens, tourner autour d'un iceberg pris dans la banquise pour multiplier les prises de vue, emporter davantage de matériel. Ils comprendront qu'il est nécessaire de refaire plusieurs fois la même chose. « Mais pourquoi, on l'a déjà fait ? – Oui, mais là, la lumière est meilleure. » Mais il ne faut pas exagérer quand même. Parfois – souvent –, ce sera aux équipes de s'adapter. Et de s'accrocher. Un reportage authentique chez les derniers chasseurs du Groenland, cela se mérite.

Un matin, je file en tête, arrimé au traîneau de mon ami Ole, sur une banquise bien plate dans la baie de Melville. Nous cherchons des traces d'ours. Soudain, les chiens de tête s'énervent, lèvent la tête, semblent s'affoler. Mais ceux de derrière n'ont rien vu et tirent de toutes leurs forces. Devant nous, dissimulée par un petit monticule, une tranchée d'eau. Trois mètres de noir profond. Les chiens ne peuvent freiner. Déjà, les premiers sautent à l'eau et nagent. Mais les suivants accélèrent, tirent de toutes leurs forces. Ole crie : « Accroche-toi ! » Puis il fouette l'attelage. Je me cramponne. Mes deux mains, agrippées aux planches du bas, sont immergées. Pas eu le temps d'avoir peur. Les chiens sont sur l'autre rive, forcent. Le traîneau sort du trou. Ole rigole. Je saute à moitié en marche et fais de grands signes à Peter qui nous suit, avec à bord de son attelage le cameraman de l'émission « Carnets d'expédition ». Il comprend, arrête ses chiens cinquante mètres avant l'obstacle. Il vient voir à pied. Pantalon et bottes en ours, démarche d'ours, veste de chasse blanche, casquette, gants de phoque. Il grimpe sur le monticule. Regarde le trou d'eau, se retourne, regarde le traîneau. Il fait la moue, fronce les sourcils. Se tourne vers moi, hausse les épaules. Lève son fouet : deux claquements secs, un cri étrange, que je n'avais jamais entendu. Les chiens démarrent à fond, aboient. Peter fouette encore, hurle. J'ai à peine le temps d'apercevoir le visage du cameraman, les yeux exorbités, bouche ouverte, cramponné à deux mains. Pas le moment de filmer. Les chiens arrivent sur la butte à pleine vitesse, ils s'en servent comme d'un tremplin. Les premiers retombent à moitié dans l'eau, continuent de tirer. Le traîneau passe devant Peter, qui d'un bond saute à bord. Décolle, plane deux mètres, retombe de l'autre côté. Moitié eau, moitié glace, mais c'est passé. Il ne s'arrête pas, nous partons à sa poursuite. Si le soir le journaliste en tremble encore (« Quand même, faut pas faire des trucs comme ça... »), Peter, lui, n'en parlera même pas.

Les contacts et collaborations avec les équipes médias m'ont aussi permis d'approfondir une autre de mes passions : la plongée en milieu polaire. Sur le tournage de « Carnets d'expédition », dans le fjord d'Ilulissat au Groenland, j'ai vu pour la première fois à l'œuvre des plongeurs et cameramen sous-marins professionnels. Avec leurs combinaisons sèches qui leur permettent d'être totalement isolés des eaux à 1 °C. Sans oublier le masque facial intégral. Pas un centimètre carré de peau n'est en contact avec l'eau. Matériel sophistiqué, techniques de pointe, entraînement parfait, préparation impeccable. Assez loin de ma pratique, toute personnelle, de la plongée...

Des années plus tôt, j'étais allé me renseigner au club de plongée d'Asnières. « Bon, alors, il faut commencer en piscine, puis il y a les cours théoriques. » Ensuite pas le droit de faire ceci, de faire cela. Les diplômes, les niveaux, les examens... Je comprends pourquoi j'ai parfois du mal à faire les choses en France : je voulais vivre l'aventure de la plongée, on me dirige vers la piscine. J'ai mis cela de côté.

Et un jour, visitant avec un ami pompier la caserne d'Upernavik, j'avise dans un coin, neuf, inutilisé, du matériel de plongée. Combinaison sept millimètres d'épaisseur, bouteilles, détendeur, le kit complet. « Oh, ça, me dit mon copain, c'est l'équipement réglementaire des casernes au Danemark. Le problème, c'est qu'ici personne ne sait nager. Il n'y a nulle part de piscine où apprendre. On ne s'en sert pas. Alors si tu veux prends-le et va plonger... » Super ! Je sors le matos sur le quai. D'abord, apprendre à s'en servir. La combinaison, ça va, ils m'aident. Les bouteilles aussi, ils ont le compresseur pour les charger. Mais le détendeur... Dans quel sens cela se monte ? On essaie, tâtonne, bidouille. Le gilet stabilisateur relié aux bouteilles pour, en le gonflant et le dégonflant, monter et descendre sous l'eau, c'est trop compliqué. Je vois à peu près à quoi cela peut servir mais je ne le prends pas. Je ne comprends rien aux raccords. Les plombs non plus, je me doute que cela sert à quelque chose mais ne sais pas combien il faut en mettre.

Je pénètre dans les eaux claires et, bien sûr, glaciales du port. Événement dans la ville : un baigneur à Upernavik, ce n'est pas fréquent. C'est même du jamais-vu. Tout le monde accourt, parents et enfants adorent. Ils rient aux éclats, trépignent, saluent le cinglé. Je me couche sur la surface bleu pâle, palme en cadence. L'eau commence à pénétrer dans la combinaison... dans le dos. Ouille. C'est vraiment froid, mais bon... Je sais depuis longtemps que je ne suis pas frileux. Sans plombs, à cause de la combinaison qui me fait flotter, je reste en surface. Pas moyen de descendre. J'essaie, palme, remonte comme un bouchon. Mais c'est fascinant de voir enfin la partie immergée des icebergs, les anémones de mer, les poissons.

J'y retourne le lendemain. J'ai mis le gilet stabilisateur (la « stab », je crois avoir compris comment ça marche) et surtout une grosse ceinture de plombs. Vraiment énorme. Je palme, vide l'air de la stab, et sloooop... Je coule comme une pierre. En trois secondes, tout au fond des eaux du port. J'ai mal aux oreilles, le crâne dans un étau. Je souffle en me pinçant le nez. Regarde le profondimètre : ah oui, quand même, trente-deux mètres... C'est éprouvant mais splendide. Sur le dos, tête vers la surface, je vois passer par-dessous les icebergs qui dérivent. Au sol, de grandes tranchées : les traces laissées par les monstres de glace lorsqu'ils voyagent, poussés par les vents et les marées, près des côtes. Mais aussi des vélos, carcasses de phoque, os de baleine...

J'ai fait en quelques secondes, puis les jours suivants, tout ce qu'il ne faut pas faire. Des erreurs qui auraient pu, je le sais maintenant, avoir des conséquences dramatiques. D'autant que, pour économiser l'air dans les bouteilles et ne pas avoir à les recharger trop souvent, je retiens ma respiration en remontant. À ne jamais faire : l'air se dilate alors dans les veines et les poumons, la recette idéale pour un accident de plongée ! Il n'y a pas un seul caisson de décompression dans tout le Groenland. Heureusement, dans mon inconscience, je sais vaguement que, si l'on peut descendre vite, il faut remonter doucement. Aucune notion de « paliers de décompression », mais cela m'a sans doute évité de graves ennuis. De toute façon, dans une eau à ces températures, pas moyen de tenir plus de vingt minutes. Aucun plongeur sérieux n'aurait accepté de se glisser sans combinaison sèche dans une mer à 1 °C, mais je ne le savais pas. Souvent je suis obligé d'écourter les plongées : le détendeur gèle et se met en débit continu. La bouteille se vide à vue d'œil, des bulles tout autour de moi, il y a urgence...

Je deviens *le* plongeur de la région. Un pêcheur me demande de descendre accrocher un filin au moteur hors-bord qu'il a bêtement fait tomber sous son bateau en le réparant. Il le voit, là, juste dessous, depuis des mois et est ravi de pouvoir le récupérer. Un autre voudrait que je plonge vers l'épave de son petit chalutier, broyé par la glace devant l'entrée du port, pour démonter et lui remonter sa barre. Pas de problème. Je plonge.

La porte de la cabine est étroite, j'ai du mal à pénétrer dedans. J'y arrive. Je n'ai pas les bons outils, tout est rouillé : la barre ne bouge pas. Et là, j'ai vraiment trop froid. Je tente de remonter : dans la demi-porte, je passe la tête et les épaules mais les bouteilles dans mon dos coincent. Je force, tente d'avancer : impossible. De reculer : pas moyen. Pris au piège. Le cœur s'emballe, la respiration augmente. Calme-toi, calme-toi. Reste calme. Je souffle lentement. Défais le gilet stabilisateur, enlève les bouteilles. Allégé, je remonte d'un coup, collé au plafond de la cabine. Je fais passer la stab et les bouteilles devant moi, par la porte, m'accroche à elles pour ne pas remonter tout seul. Sort, me rééquipe, remonte lentement. La barre restera à sa place.

Ultime frayeur : en rentrant, je tombe nez à nez avec des « phoques zombies » : des carcasses entières, dépecées, la chair à vif, de gros yeux globuleux. Ils sont laissés par les chasseurs, qui ont récupéré les peaux, dans les eaux glacées qui les conservent bien en attendant de venir les chercher pour les manger ou donner leur viande aux chiens. Sous l'effet loupe du masque, ils se transforment en monstres marins. Et là, entre deux carcasses, une main humaine ! Au secours ! Je m'en étouffe de peur, grosses bulles... En fait non, un simple gant gonflé par l'eau... Temps de sortir. Je suis frigorifié, j'ai mal aux poumons, aux sinus.

Des années plus tard, après notre traversée de calotte, je rejoindrai Franck Bruno à Bonifacio.

« Et toi, Nico, tu plonges ?

– Bah ouais, j'ai pas mal plongé au Groenland.

– Au Groenland ! Et tu as quel niveau ?

– Niveau, je ne sais pas, je ne me suis jamais comparé à personne. J'suis pas mauvais...

– Comment ça, tu sais pas ! T'as bien passé les niveaux, tu sais, les exams ?

– Ben, non, j'ai appris tout seul...

– Tout seul ? Ah, je vois. Bon, là, faudrait vraiment que tu passes tes niveaux, tu sais... »

Quelque temps après, je pars deux semaines en mer Rouge, en Égypte, et je passe d'un coup plusieurs niveaux, jusqu'à « *rescue diver* » – « plongeur-sauveteur », dernier échelon avant de passer plongeur professionnel. La pratique, je sais faire. J'apprends la théorie et la sécurité, je prends conscience de mes bévues et des risques encourus. Première règle cardinale : ne jamais plonger seul... Ici, l'eau est à 24 °C ! En maillot, j'ai par moments l'impression d'être le homard dans le bain-marie. Le soir, incapable de m'endormir par une chaleur pareille, je cherche un peu de fraîcheur en me couchant nu sur le marbre de la chambre... Quand je dis à l'instructeur que je plonge au Groenland avec une combinaison humide de sept millimètres, la même que celle de certains de ses plongeurs, il ne me croit pas.

8

La chasse au narval

Guider des équipes de journalistes ou de cinéma me permet aussi d'accompagner les chasseurs inuits dans des expéditions exceptionnelles, quand ils traquent l'ours, la baleine ou le narval. Parce que, même s'ils m'aiment bien et apprécient ma compagnie, ils ne sont pas toujours prêts à s'encombrer d'un grand Français qui ne sert à rien, occupe une place sur leurs petites barques et ne prend que des photos.

J'emmène la journaliste Sophie Bontemps, de « Thalassa », et son équipe dans le nord-ouest du Groenland. Le but : filmer la chasse au narval, la licorne mythique. Dans les légendes inuits, la splendide dent en ivoire torsadé des mâles, qui peut atteindre deux mètres, serait la tresse enroulée d'une vieille esquimaude entraînée dans les eaux alors qu'elle cherchait à tirer le cétacé sur le rivage pour nourrir ses enfants affamés. Les quotas de chasse autochtone sont stricts : un seul narval par an, par chasseur et par région. Et la bête, qui peut atteindre une tonne, ne peut être tirée qu'au harpon lancé depuis un kayak traditionnel. De toute façon son ouïe est si fine qu'il serait impossible de l'approcher en bateau à moteur.

En septembre, les hommes de Kullorsuaq ne disposent plus que d'une autorisation de quota supplémentaire, remportée au tirage au sort par Karl. Étonnamment grand pour un Inuit, taciturne et loyal, ce n'est pas le meilleur chasseur du village. Sans le reportage il ne serait sans doute pas parti traquer son narval et le quota aurait été perdu. Il doit participer en personne à la chasse : on ne peut vendre, prêter ou donner son droit de tuer une bête. Pour le persuader d'y aller et faire accepter la présence de quatre Français et deux caméras, Sophie va devoir payer l'équivalent de cent euros par chasseur et par jour, plus la location de quatre hors-bord, l'essence et tout le ravitaillement. Réunion la veille au soir : il faut décider du partage. Traditionnellement le titulaire du permis se réserve les meilleurs morceaux : la tête – donc la dent si c'est un mâle – et la queue. Au harponneur, la partie centrale. Pour les autres, au minimum du *matak* – peau et graisse. Nous partons au matin : trois kayaks inuits plus le mien, le Nautiraid à deux places démonté, dans lequel je tenterai de les suivre avec Georges, le cameraman. Ils sont chargés sur les hors-bord.

Entre deux glaciers, direction Tutulissuaq, un campement de chasse ancestral à une centaine de kilomètres au nord. Une journée entre les icebergs, dans les plaques de banquise qui commencent à se former en ce tout début d'hiver. Il fait autour de 0 °C. Une baleine à bosse souffle et passe à trente mètres de nous. Elle porte sur le dos la trace d'un harponnage. Pas question de s'en prendre à elle : les quotas ont été épuisés pour la saison. Nous sommes au milieu de nulle part, à des dizaines de kilomètres de tout lieu habité, mais ici tout se sait. Au Groenland, tuer un ours, une baleine, un béluga ou un narval incognito est impossible. Celui qui enfreint la réglementation sur les quotas sera d'une façon ou d'une autre dénoncé et peut s'attendre à perdre son permis de chasse.

Nous plantons les tentes sur un promontoire rocheux. Le secteur apparaît encore sur certaines cartes sous la mention « Unexplored ». Tout ce que j'aime. Le lendemain matin, la veille commence : deux chasseurs montent sur la colline et scrutent à la jumelle la pointe de la presqu'île où les narvals passent tous les ans en cette saison. Les deux autres partent à la chasse : faute de phoque ils tirent des eiders, ces canards sauvages qu'ils plument et font bouillir sur des feux de camarine.

Soudain, vers 15 heures, Peter donne l'alerte : « Là, là, les voilà ! » On distingue à peine les dos d'une petite horde qui remonte vers le nord. Ole, Peter, Karl et Timotheus foncent vers les kayaks, harpons en main. Le temps de monter dans notre biplace, Georges à l'avant et moi qui pagaie à l'arrière, ils ont filé. Ils glissent en silence, comme des flèches, j'ai du mal à les suivre. Leurs embarcations, longues et fines, sont rapides mais très instables. J'ai l'habitude de mes grands Nautiraid. Chaque fois que j'ai pénétré à grand-peine dans un kayak de chasse, j'ai eu peur de basculer. D'autant qu'ils n'étaient pas construits pour un Occidental de ma taille.

Les chasseurs pagaient à toute vitesse, s'arrêtent, repartent, scrutent la surface, se postent là où ils savent que le narval devra passer. L'excitation est palpable. Le cameraman a du mal à ne pas les perdre. Quand le gibier approche, il n'y a plus d'amis. Chacun veut être le premier à rapporter la proie au village. Question de prestige. Mais le narval est difficile à harponner : on ne voit que son dos, furtivement. S'il est alerté, il sonde et peut rester en plongée plus de vingt minutes. Pour réapparaître à des kilomètres.

Soudain, trois bêtes émergent près du kayak d'Ole. Il lève le bras, lance son trait sur le plus gros… Il a touché la proie mais, déséquilibré par son geste, passe à l'eau. J'avais décidé avec Georges de suivre Peter, a priori le meilleur harponneur. Nous sommes derrière un iceberg et n'avons rien vu. Nous n'entendons que le long cri caractéristique : « Houuu ! » Cela veut dire : « Je suis tombé à l'eau », mais c'est assez discret pour ne pas effrayer les autres narvals et gâcher la journée de pêche. N'importe où ailleurs ce seraient des hurlements du genre : « Au secours ! Vite, vite, les gars ! » Mais les autres ont l'habitude : du campement, une barque est partie. Elle trouve Ole accroché à son kayak renversé. Bleu de froid mais sans panique. Bien entendu, comme les autres, il ne sait pas nager. Où apprendre au Groenland ? Pas de piscine et l'eau de mer dépasse rarement les deux degrés… Trois minutes plus tard il était mort. Il grimpe à bord, on le ramène au camp où il se sèche, se change avant de repartir à la chasse. Pas de quoi en faire un plat. Je lui prête une doudoune, il raconte en riant : « J'ai harponné mais il était trop près de moi. Mon kayak s'est retourné. » Pendant ce temps la bête blessée a plongé. Mais au filin du harpon sont attachés deux flotteurs en peau de phoque, qui la fatiguent et permettent de ne pas la perdre. Au bout de quelques minutes, perdant son sang, le narval remonte. Il est achevé au fusil. Après le harponnage, c'est autorisé.

Sa dépouille flotte : on l'attache par la queue et la tête à l'une des barques et on la ramène au camp. Tout le monde s'y met pour hisser sur les rochers les huit cents kilos de ce gros mâle. Le dépeçage commence de suite. Les couteaux s'activent. On tranche la tête, la peau, la chair, le gras. La mer est rouge sang, les chasseurs aux anges. Ils découpent le foie, plusieurs kilos de viande fumante qu'ils déposent sur un rocher. Chacun en coupe un morceau et le mange cru. Source précieuse de vitamine A, dont ils manquent par ailleurs. Mais aussi, sans doute aujourd'hui à cause de la pollution marine, filtre du sang du narval dans lequel se concentrent les toxines, le mercure et les PCB – polychlorobiphényles, molécules chimiquement transformées et particulièrement toxiques. J'en découpe une fine tranche, que je mange avec un morceau de *matak*. C'est bon, à condition d'aimer le foie et le gras de baleine... Karl s'attaque à la dent, difficile à détacher de la tête. Il y a des lustres qu'elle ne sert plus de harpon ou d'arme. C'est un trophée, un élément de décoration qu'il est quasiment impossible de sortir du pays. À Paris, Londres ou New York, elle vaudrait plusieurs milliers d'euros au marché noir.

Le *matak*, la viande et les nageoires sont découpés et rangés dans des sacs plastiques. Tout est emporté, il ne reste sur les rochers que des flaques de sang et quelques viscères. La colonne vertébrale, à laquelle restent accrochés des morceaux de viande, sera mise à faisander plusieurs semaines sur le toit des maisons. La cervelle sera mangée en soupe, la viande frite en lanières, ce qui lui donnera un goût rappelant un peu celui du foie de veau. Avec la graisse, certaines familles confectionnent encore un plat traditionnel auquel je n'ai jamais osé goûter, bien que je ne sois ni difficile ni délicat : le Qerivuit. Un millefeuille de gras de narval et de pattes de phoque, qui va faisander quatre à cinq semaines dans l'entrée de la maison. Miam !

Le soir tombe. Ole, Peter, Karl et Timotheus se gavent de *matak*. Pour Sophie, Georges, Jean-Pierre et moi, pain noir et pâté danois, soupes en sachet. La nuit ne tombe qu'à 23 heures mais depuis déjà deux heures nous sommes dans les duvets. Départ tôt le lendemain. Le froid gagne, les galettes de glace s'agglutinent plus vite que prévu, c'est le début de formation de la banquise. Nous slalomons entre les icebergs. Il faut parfois faire demi-tour, chercher des passages d'eau libre. Je commence à expliquer à l'équipe, de plus en plus inquiète, que nous allons peut-être devoir chercher un gros iceberg pour y passer la nuit, en espérant que le vent se lève et chasse la glace. Mais non, les gars trouvent des passages, se faufilent entre les blocs. Nous arrivons à la nuit à Kullorsuaq, frigorifiés mais ravis de notre coup.

Au printemps, juste avant la débâcle, c'est en traîneau à chiens que se chasse le narval. Fin avril, début mai, la banquise fond et par endroits se casse, créant des canaux de cinq à huit mètres de large d'eau noire dans l'immensité blanche. Les animaux, pressés de regagner les eaux nourricières du Nord, s'y engouffrent en bandes. Ils passent à portée de main et de harpons tirés depuis le bord du chenal. Ils sont parfois coincés pendant des jours dans des culs-de-sac, comme des canards dans des champs de foire. Les Inuits surveillent la formation de canaux, qui intervient toujours aux mêmes endroits. Quand ils sont assez larges, ils partent camper aux abords. C'est dangereux : quelques jours plus tard, la débâcle peut isoler la plaque de glace sur laquelle vous vous trouvez et vous entraîner à la dérive. Il faut connaître les lieux, avoir la science de la glace, observer et écouter.

Pour les chasseurs les plus endurcis, sauter de plaque en plaque pour arriver au lieu de chasse ou rentrer au village fait partie de la routine. Ole et Peter m'ont raconté la mésaventure de chasseurs de narval d'un village voisin : pris au piège sur un morceau de banquise qui s'est détaché et qui est parti à la dérive, ils parviennent grâce à la radio haute fréquence à contacter les secours. Ils donnent leur position GPS, un hélicoptère danois les retrouve, se posant à côté d'eux. Mais quand ils ont compris qu'il n'y avait de place à bord ni pour les traîneaux ni pour les chiens, ils ont remercié leurs sauveurs et refusé d'embarquer. Quelques jours plus tard, leur plaque poussée par les vents a touché la banquise, ils ont sauté dessus et regagné le village ! Dans les villages inuits, il est fréquent de voir des chasseurs rentrer une semaine après la date prévue...

Quand le lieu du campement est choisi près d'un chenal, on creuse dans la banquise un petit port pour les kayaks et, à tour de rôle, les chasseurs partent en patrouille pendant que d'autres montent sur des icebergs et surveillent à la jumelle. Leur but : repérer les narvals mais surtout les morses. Très protecteurs envers leurs petits, ils attaquent les kayaks et les renversent dès qu'ils en voient un. Des sentinelles armées sont postées le long du chenal et tirent à vue sur les morses.

9

Première croisière

Je connais désormais les pays du Nord. J'ai sillonné leurs grands espaces, marché sur le Pôle, traversé la calotte glaciaire en tous sens, pagayé dans bien des fjords. Bien sûr, je rêve de découvrir l'autre monde polaire, le Grand Sud. Mais là, ce ne sont pas les mêmes budgets : les prix des billets d'avions pour Ushuaïa, le Chili, l'Australie, l'Afrique du Sud ou la Nouvelle-Zélande m'ont fermé les portes de l'Antarctique, mais ce n'était pas la seule raison.

Protégé par un traité international, classé « Terre de paix et de science », sanctuaire animal, le grand continent blanc est difficilement accessible pour quiconque n'est pas un scientifique en mission. Le tourisme y est à peine toléré et les aventuriers acceptés au compte-gouttes.

Le doigt sur la carte, j'ai imaginé l'itinéraire d'un raid d'exploration de la péninsule antarctique en kayak. Trois pagayeurs, deux tentes, un mois de découverte. J'étudie le budget, cela va peut-être pouvoir passer. À condition d'avoir le permis... Un matin, je pousse la porte de l'Administration des terres australes françaises, près du centre Beaubourg à Paris.

« Bonjour, je fais des expéditions au Groenland depuis longtemps et j'aimerais savoir ce qu'il faut réunir dans un dossier de demande d'autorisation pour un raid en kayak le long de la péninsule antarctique, s'il vous plaît...

– Alors, première chose : il est obligatoire d'avoir une première expérience en Antarctique...

– Ah, certes... Mais comment fait-on pour y aller la première fois ?

– Alors, là, débrouillez-vous. Au revoir, monsieur. »

J'en sors un peu interloqué et raconte l'anecdote kafkaïenne à mon ami Jean-Luc, de Grand Nord Grand Large. « J'ai peut-être une solution, me dit-il. La compagnie du Ponant va lancer en décembre sa première croisière polaire pour touristes dans l'Antarctique. Ils m'ont contacté : ils cherchent un gars qui saurait piloter un Zodiac, pourrait s'occuper des clients quand ils vont à terre et faire des conférences à bord. Ils ont surtout des guides américains mais ont besoin d'un Français. J'ai pensé à toi. Ça t'intéresse ? C'est sacrément bien payé. Cela ne pourra pas faire de mal à tes finances... »

Accompagnateur de croisières... je n'y aurais jamais pensé. Pour moi, les voyages en paquebots ce sont les Baléares, les Antilles, avec des retraités dans des transats buvant des cocktails sur le pont. Piscine et thé dansant, coucher de soleil. Pas vraiment ma clientèle et mes terrains de jeux habituels. Mais bon, c'est un moyen d'avoir cette fameuse « première expérience antarctique » et je pourrai retourner aux Terres australes déposer mon dossier. Je suis curieux, ravi d'élargir mes horizons, de filer plein sud. J'accepte.

Deux mois devant moi : je vais au Muséum d'histoire naturelle me documenter sur les manchots, les albatros, les phoques léopards et les éléphants de mer, inconnus dans mes régions septentrionales. Je récupère sur Internet données et illustrations sur la faune du pôle Sud, sa conquête, les glaces, le réchauffement climatique, la chasse à la baleine et prépare sur mon ordinateur de belles présentations pour illustrer mes conférences. Après tout, je suis prof : apprendre, digérer et enseigner, je sais faire.

Décembre 2005 : dans l'avion pour l'Argentine. Cap au sud, enfin ! Tiens, c'est l'été ici. Je suis trop couvert, moi, avec ces vêtements de montagne. Ah, oui, l'autre hémisphère... Correspondance pour Ushuaïa : comme tout le monde, rien que le nom me fait rêver. Le canal de Beagle, la Patagonie, la Terre de Feu, le cap Horn ! L'autre bout du monde... Les indiens Yamana et Alakalouf. J'ai lu tellement de récits, si souvent étudié les cartes. La seule vue depuis le hublot de l'avion est extraordinaire. Je me promets de revenir explorer, à la pagaie, les canaux de Patagonie.

Je récupère mes bagages : gros sac de rando, sac étanche de kayak. J'ai pris aussi mon duvet, on ne sait jamais. Je viens pour bosser, alors un hamac dans un dortoir, ce sera aussi bien... Faudra s'adapter. Taxi pour le port. Alignement de bateaux de pêche, puis les paquebots pour l'Antarctique. « Nom de Dieu, il est énorme » : *Le Diamant*, cent trente mètres de long, deux cents passagers. Un navire de croisière, comme dans *Tintin*. Je ne m'attendais pas à ce qu'il soit aussi imposant et aussi beau. Je n'ai pas eu le réflexe de regarder sur le site Internet de la compagnie. Passerelle de coupée, hall d'accueil. Somptueux. Moquette rouge, sculpture contemporaine, bois exotique. Odeur de jasmin. Les rampes sont dorées, ce n'est quand même pas de l'or...

« Bonjour, je suis Nicolas Dubreuil. Le nouveau guide. » Une jolie hôtesse française me sourit. « Ah, oui, bien sûr, nous vous attendions. Bienvenue parmi nous. Votre chambre est la 609, donc au sixième pont. Voici la clef. Installez-vous, à tout à l'heure... » Dans le dédale de coursives et d'entreponts, je mets un peu de temps à trouver ma cabine. Glisse la carte perforée dans la serrure : une chambre immense, luxe incroyable, lit double, baignoire, grand sabord donnant sur le quai. Trois fois la taille de ma chambre à Paris. Oh la… Demi-tour, mes sacs toujours sur le dos. Retour à l'accueil.

« Mademoiselle, excusez-moi, vous avez dû faire erreur. Vous m'avez donné une suite pour passager. Je suis guide, moi. Je viens pour travailler… – Non, non, j'ai la liste là. Dubreuil, 609. » À côté d'elle, deux charmantes jeunes femmes. « Nicolas, je te présente Isabelle, la coiffeuse, et Alexandra, la masseuse. » Je pense : les quoi !? C'est une blague, elle se fout de moi. Et lâche péniblement : « Euh, bonjour… Pour la chambre, vous êtes sûre ? – Oui, oui. »

Je remonte et croise mon amie Marie, responsable des croisières à Grand Nord Grand Large, spécialiste de l'Antarctique. Je la connais et l'apprécie depuis des années. Elle est l'une des huit guides du *Diamant*. Les premiers jours, elle va m'ouvrir les portes et les yeux. Je raconte l'épisode de la chambre, elle sourit. « Bon, Nico, première chose à savoir, primordiale : la passerelle. Là où se trouve la barre, le poste de commandement. Viens voir, je te montre où c'est. Le centre nerveux du bateau. Tu y es tout le temps. Le matin avant le p'tit déj. Le soir avant de te coucher. Là, tu rencontreras tout le monde et sauras tout ce qui se passe à bord. »

Je m'installe dans la cabine, m'assieds sur le lit, ouvre les placards. La salle de bains… Par le sabord, je vois arriver les passagers : début décembre, ils sont visiblement retraités dans leur immense majorité. Cheveux blancs, mise en plis, valises à roulettes, cannes, déambulateurs parfois… La dernière fois que j'ai voyagé, il y a quelques semaines, j'étais mouillé dans mon kayak, sous la tente, autour d'un feu de camp avec de jeunes raiders aussi sales, joyeux et intrépides que moi. Je suis un aventurier, moi, un explorateur... Et si je m'étais trompé de monde ?

« Pouuuh ! » Nous appareillons. Je regarde les lumières d'Ushuaïa s'éloigner. Le canal de Beagle. Nous allons passer dans la nuit au large du cap Horn. Marie m'a prévenu : le premier soir, c'est « le gala de bienvenue. Tu as pris une tenue de soirée ? » Tenue de soirée ? J'ai le pantalon à pinces noir que je mets aux mariages des potes et la chemise rayée blanche qui va avec. Ça va aller...

19 h 45. Je descends. Du haut des escaliers j'aperçois l'entrée du Grand Salon : le commandant en grand uniforme, épaulettes d'or, accueille les passagers un à un. Sourires, poignées de main. « Bienvenue à bord. » Photos. Hôtesses en tailleur bleu. Équipage en veste croisée, boutons dorés, galons. Les hommes sont en costume sombre ou smoking. Les femmes en toilette, dans leurs robes du soir. C'est quoi ce cauchemar ? Qu'est-ce que je fais ici, moi ? Y a erreur de casting, et grave. Jean-Luc aurait dû me prévenir. Quand ils vont comprendre qui ils ont embauché, ça va être terrible... Bon, je ne peux pas sauter à l'eau. Je fais la première croisière, quinze jours, et quand on revient à Ushuaïa pour déposer les passagers et prendre les nouveaux, je m'excuse, dis que je me suis trompé, que c'est mieux pour tout le monde et rentre à Paris dare-dare. En attendant, habillé comme je le suis avec mes Nike aux pieds, je fais demi-tour en douce et passe la soirée dans ma cabine à travailler ma première conférence. Je saute le dîner, pas grave...

Le lendemain, réveil nauséeux. Nous avons pénétré dans la nuit dans les soixantièmes mugissants. Le paquebot gémit, tangue, roule. Des creux de sept mètres. Avec la fatigue du voyage, cela ne m'a pas réveillé mais, ce matin, c'est atroce. Je n'ose pas regarder par les hublots, l'horizon bouge trop. J'ai mal à la tête, le cœur au bord des lèvres. Je me douche à grand-peine, m'habille assis sur le lit, me tiens aux parois des coursives pour avancer. Je découvre le mal de mer, dans les grandes largeurs. Des passagères d'un certain âge, habituées des croisières, se dirigent avec entrain vers la salle du petit déjeuner. « Oh la la, jeune homme, vous êtes bien pâle... Vous devriez prendre quelque chose. » Dans les coursives ont été disposés des pommes vertes, des cracottes et de petits sacs en papier. Je croise des néophytes pas plus brillants que moi. Chacun baisse les yeux.

Je me mets tant bien que mal à la recherche de la jeune femme chargée des uniformes. On m'a dit que j'allais avoir une tenue de marin, cela réglera mon problème de vêtements. Je la suis dans les réserves. Elle marche trop vite, me regarde avec un sourire navré. Elle cherche, fouille. Revient : « Désolée, rien pour vous. Trop grand... »

Je retrouve Marie dans la salle de restaurant. Me force à avaler quelque chose. J'ai la sensation d'être vert. « Bon, Marie, tu as vu le temps, les vagues... On va pas pouvoir faire les conférences, là, si ? » Elle a passé des années en mer. Basée à Ushuaïa, elle a emmené sur un voilier des touristes en Antarctique pendant des années. Fraîche comme une rose. « Tu rigoles ? La tienne est à 15 heures. D'ici là, file voir le docteur, il va te donner du Mercalm. » Deux cachets plus tard, je m'écroule sur le lit. Je dois disserter dans trois heures sur « Les glaces de l'Antarctique ». Pour l'instant, j'ai à peine la force de ramper jusqu'aux toilettes. Je m'endors.

14 h 45, réveil. Nouvelle douche, ça va à peine mieux. L'ordinateur, mes notes, direction le Grand Salon. Amphithéâtre de deux cents places, presque plein. Ils m'attendent tous, y compris le commandant. Je branche mon Mac

sur le vidéoprojecteur, puis je me lance : la banquise, l'accumulation de neige qui se tasse pendant des siècles, les forces colossales... Derrière moi, sur l'écran, les schémas, animations, clichés Google Earth, effets 3D : le glacier qui descend, se brise au bord de l'océan. L'iceberg qui se forme, tourne, vogue. Une conférence comme j'en ai donné des dizaines. Ce que je ne savais pas, c'est que sur *Le Diamant*, jusqu'à présent, les présentations c'étaient des dessins sur des tableaux de papier et au mieux des diapositives. L'effet est immédiat : grand succès. Quarante-cinq minutes de conférence, quinze minutes de questions, bien dépassées. À la fin, certains applaudissent. Grand sourire du commandant. Je rougis un peu. J'ai été occupé, concentré, valorisé, plus l'effet des médicaments : je ressens moins le mal de mer.

Dans un coin de la salle, le chef mécanicien, numéro deux à bord, attendait que je termine.

« Dis donc, Nicolas, Marie me dit que tu as fait des études d'informatique...

– Oui, pourquoi ?

– Ben, voilà, on a un souci. Un gros. Tout le réseau du bateau est planté. Pas la navigation mais tout le reste : la facturation, les réservations, les mails... On n'a pas d'informaticien à bord. Tu ne voudrais pas jeter un coup d'œil ?

– Bien sûr ! »

Je le suis dans les entrailles du bateau. Salles techniques, coursives secrètes, escaliers. La salle des serveurs : des ordinateurs alignés dans des armoires, forêts de câbles. Je ne suis pas spécialiste des réseaux mais ce que j'ai appris à la fac me permet de comprendre que la panne originelle, assez simple, a été transformée en catastrophe par les multiples interventions de ceux qui ont tenté, à l'aveuglette, de la réparer. Paramètres modifiés dans tous les sens, plus rien ne communique. Le remède n'est pas très complexe mais assez long : tout remettre à zéro, restaurer les paramètres d'origine, reformater des disques durs, isoler certains ordinateurs, en relier d'autres. Je m'y mets. Deux jours à taper sur des claviers, débrancher-rebrancher des câbles en divers points du bateau, réinitialiser des routeurs. Je ne m'interromps que pour les conférences. Dernière touche « Enter » : voyants verts, ça marche. Le chef mécanicien est aux anges, remerciements du commandant : je ne pouvais rêver de meilleure porte d'entrée dans ce nouveau monde. Sans moi, il fallait faire demi-tour.

On me présente à un autre personnage important du bord : le « chef d'expédition ». John est américain, une quarantaine d'années, vétéran des croisières dans les mers du Grand Sud. Colosse jovial et chaleureux, mâchoire carrée, cheveux courts, casquette avec la carte de l'Antarctique, il dirige l'équipe des guides. Organise le programme des conférences, décide des itinéraires, des escales. Il est responsable de la sécurité des passagers dès qu'ils mettent le pied dans l'un des dix Zodiac du bord. Dans les croisières Antarctique, le but n'est pas tant de faire naviguer les passagers dans des mers presque toujours hostiles que de les faire débarquer, le plus souvent possible, sur des plages de sable sombre au milieu d'une faune extraordinaire, qu'ils vont pouvoir approcher plus près qu'ils n'en ont jamais rêvé. C'est le chef d'expédition qui reconnaît les lieux de débarquement, supervise l'arrivée des clients, surveille que tout se passe bien à terre et donne le signal du retour sur le bateau. Avec un peu d'expérience, c'est lui qui doit savoir où trouver les manchots macaroni, où nichent les albatros fuligineux, comment approcher sans danger les éléphants de mer ou retrouver dans les montagnes de Géorgie du Sud le passage emprunté en 1915 par l'explorateur anglais Sir Ernest Shakelton pour sauver son équipage pris dans les glaces à bord de l'HMS Endurance sur l'île de l'Éléphant. Je suis le petit nouveau : je raconte à John mon parcours, les raids, la calotte glaciaire, le ski et le kayak. Il connaît l'Arctique, la Sibérie, a navigué sur toutes les mers du monde. Il fait de la musculation, roule des épaules quand il marche, se retourne au passage des danseuses, fume des cigarillos. John Wayne dans *Rio Bravo*. Il apprécie d'avoir à bord un homme de terrain. Nous parlons expéditions, survie, camping sur la banquise, calibre des fusils, chasse à la baleine ou rencontre avec les ours.

Au matin du quatrième jour, terre en vue : les Shetland du Sud, archipel d'îles volcaniques au large de la péninsule antarctique. Plus un habitant, quelques bases scientifiques ; des villes fantômes, anciennes bases baleinières au XIXe siècle. L'excitation monte : on va débarquer. John fait mettre à l'eau son Zodiac et, surprise, me demande de l'accompagner reconnaître la plage. Minuscule grève de galets gris entre des cheminées volcaniques noires. Nous approchons : oui, je ne rêve pas, cette immensité ondulante, ce ne sont pas des pierres mais des animaux ! Milliers de manchots, phoques, otaries à fourrure, côte à côte, à perte de vue. Les énormes éléphants de mer – les plus gros font plus de six mètres et pèsent quatre tonnes – se font de la place en gigotant, menaçant d'écraser leurs voisins. Je reste sans voix, ahuri, émerveillé. Jamais vu de ma vie autant de vie sauvage concentrée en un seul lieu. Dans mes voyages arctiques, le phoque, c'est une petite tête qui dépasse à peine hors de l'eau ou de son trou dans la glace. Là, des milliers de bêtes qui se prélassent au soleil, semblant ne pas remarquer notre présence. Personne ne les chasse plus, ils ont peu de prédateurs naturels. Les puissants courants qui circulent autour du continent raclent les fonds marins et chargent les eaux en plancton, microalgues et aliments de toutes sortes. Un gigantesque garde-manger. Les poissons, mammifères marins et terrestres abondent. Même la pêche est proscrite : l'Antarctique est un sanctuaire animal unique au monde. Les manchots, surtout, sont absolument indifférents à notre arrivée : occupés à saisir dans leurs becs de petites pierres pour les apporter à leurs belles qui construisent le nid, ils vous bousculeraient presque ! Je comprends mieux pourquoi certains passagers m'expliquent que ce voyage, assez cher, est le rêve d'une vie, parfois l'aboutissement d'années d'économies. Depuis qu'ils avaient vu, tout jeunes, un épisode de « L'Odyssée sous-marine de l'équipe Cousteau » en Antarctique, ils s'étaient juré de voir cela de leurs yeux.

Nous n'avons pas d'arme : aucun animal dangereux pour l'homme en Antarctique. Si un phoque-léopard ou une otarie à fourrure approche, il suffit de taper dans les mains ou de prendre deux galets et de les frapper pour éloigner tout le monde. Le seul vrai risque pour les passagers – et le cauchemar de l'équipage –, c'est la température de l'océan : à 2 °C, la moindre chute à l'eau, à l'embarquement ou au débarquement des Zodiac, peut être dramatique. Heureusement cent trente membres d'équipage pour deux cents clients, cela fait des bras auxquels s'accrocher.

John m'explique l'une des missions cruciales des guides naturalistes : s'assurer que les passagers n'importunent pas les animaux et respectent les règles édictées par l'Association internationale des agences de tourisme en Antarctique (Iaato, en anglais). Vingt-cinq paquebots, américains et européens, sont basés à Ushuaïa et emmènent des milliers de touristes par an vers les grèves du continent blanc. La communauté scientifique internationale ne voit pas cela d'un très bon œil, certains aimeraient même le proscrire tout à fait. Pour permettre la cohabitation entre science, tourisme et vie sauvage, et ne pas risquer l'interdiction, l'Iaato a pris les devants et impose à ses membres des règles de bonne conduite que le chef d'expédition est chargé de faire respecter. Interdiction d'approcher des animaux à moins de cinq mètres – vingt mètres pour les phoques et les éléphants de mer –, de les importuner ou de les nourrir. Ne rien prélever, ne rien apporter, ne laisser aucune trace. Désinfection des bottes à bord du bateau, à l'aller et au retour. Les visiteurs n'ont le droit que de regarder, se promener et prendre des photos. En certains endroits, comme les manchotières ou les zones de nidification, les guides installent des piquets pour délimiter des périmètres à éviter. Je ressors le petit carnet noir.

John donne le feu vert au talkie-walkie : les premiers Zodiac arrivent. Bottes en caoutchouc, parka rouge siglée *Le Diamant* et gilet de sauvetage gonflable, les passagers débarquent. Ceux qui viennent pour la première fois ont souvent les larmes aux yeux. « C'est trop beau », « Le rêve d'une vie », « Cela fait trente ans que j'attendais ça ». Les appareils photos crépitent, on pose près des animaux. Je suis chargé d'escorter un petit groupe à travers cet extraordinaire bestiaire, jusqu'à un promontoire d'où la vue est saisissante. Je récite mes leçons apprises au Muséum, semble incollable sur des espèces que je vois, comme eux, pour la première fois.

Un couple lance de petits cailloux près d'un phoque pour lui faire tourner la tête et avoir un meilleur cliché… « S'il vous plaît, messieurs dames, souvenez-vous du briefing, les règles Iaato... » Je me retourne. Plus loin sur la plage, une passagère jette carrément des pavés de bonne taille au museau d'un éléphant de mer qui a entrepris de saillir une femelle. La différence de poids est énorme : le mâle fait trois fois la taille de sa compagne, semblant l'écraser. Je me précipite. « Mais, enfin, madame ! » « Ah, vous voilà, vous... Faites quelque chose, vous voyez bien qu'il est en train de la violer ! »

Une heure et demie plus tard, il est temps de rembarquer la première centaine de passagers. Noria de Zodiac pour faire accoster les autres. À la fin de la journée – qui se termine, pour les guides, largement après 22 heures –, je suis fourbu, soûlé de vent et d'embruns mais ravi, émerveillé, intarissable sur ce spectacle unique. Oubliée, l'idée stupide d'écourter le voyage : je veux tout voir, tout découvrir, tout comprendre. Mettre les pieds en Antarctique, raconter les icebergs, admirer les baleines et les orques, faire partager à des passagers aussi enthousiastes que moi tout ce que je sais de ce monde fascinant. Tout ce que je ne sais pas encore, aussi, mais que je vais apprendre bien vite. Même le mal de mer n'est plus un problème : je m'habitue, les cachets font leur effet. Et de toute façon, plus le temps d'y penser.

Le Diamant glisse le long des côtes. Parfois, nous parvenons à faire descendre les passagers à terre jusqu'à quatre fois dans la journée. Dans ces cas-là, rendez-vous à la marina, à l'arrière du navire, pour les premiers à 6 heures du matin. Primordial : vérifier que chaque croisiériste passe bien en quittant le bord la carte magnétique qu'il porte autour du cou dans le lecteur. Il fera le même geste en remontant sur le navire. La hantise du chef d'expédition : oublier quelqu'un à terre.

Quand nous traversons des détroits ou naviguons pour changer de région, les conférences reprennent. Ne jamais les laisser inoccupés. Ils sont curieux, l'immense majorité gentils et chaleureux. Il y a bien toujours le râleur de service qui va venir se plaindre : « Quoi ? Encore des manchots demain ! Mais on les a déjà vus hier, les manchots... Y a rien d'autre ? » Mais celui-là, aussi, j'apprends à le gérer. Peu de points communs avec mes clients aventuriers de l'Arctique, dont je me sens si proche qu'ils deviennent souvent des amis, mais je découvre combien il peut être fascinant de prendre son temps et de faire raconter sa vie à une vieille personne. Ce petit monsieur tout frêle, qu'on a peur de faire descendre dans le Zodiac, en 1944, il commandait un maquis dans le Périgord et a tiré à la Sten sur les Allemands plus souvent que moi sur des phoques... Et cette dame en tailleur et collier de perles : il y a quarante ans, elle dansait le french cancan au Moulin Rouge et avait pour amant un ministre : « Non, je ne vous dirai pas son nom. » Dans l'amphithéâtre, nous adaptons parfois en fin d'après-midi les conférences à la faune que nous avons vue dans la journée. Après avoir croisé des baleines bleues, majestueuses, le plus gros animal au monde, j'explique que pour dormir le cétacé met en quelque sorte une moitié de son cerveau en veille. L'autre moitié gère les fonctions vitales, respiration, nage. Une main se tend. « Elle dort... Mais alors, la baleine, elle est toujours dans l'eau ? »

Je découvre aussi les vicissitudes, mais surtout les joies et les bonheurs du travail d'équipe. Là encore, grande découverte. Jusqu'ici, j'étais soit seul à skis ou en kayak, soit à la tête de petites patrouilles mobiles, sportives, rapides, qui boivent mes paroles et suivent les consignes à la lettre. Là, je comprends qu'il faut écouter plus que parler, ne pas tenter d'imposer son point de vue et que si le commandant ou le chef d'expédition décide quelque chose, c'est ce que l'on va faire. Pour moi qui n'ai jamais été militaire et aime bien faire les choses à ma façon, c'est un sérieux apprentissage. Le petit grincheux, là, c'est le « bosco », chef d'équipage : tu te le mets à dos et plus un marin ne te donnera un coup de main. Ils te regarderont, impassibles, te fourvoyer dans les pièges de débutant sans te tendre la main ou te dire les deux mots qui auraient suffi à te sortir d'affaire. Mais les briefings aux aurores, les talkies-walkies qui crépitent toute la journée, coups de main sur la plage, sandwichs à quatre dans le Zodiac, clins d'œil et tapes dans le dos, dîners dans les cuisines après minuit et bilan de la journée sur la passerelle avec Étienne et Jean-Philippe, quand tout le monde dort et que les moteurs ronronnent dans la nuit, je découvre que j'adore ça.

Je sais que, dans quelques semaines, je serai à nouveau pagaies en main, au ras des rochers de granit sur les côtes du Groenland ou seul devant ma tente à regarder le soleil descendre sur la calotte glaciaire, mais là j'apprécie la camaraderie du bord, le professionnalisme de l'équipage et la vie en communauté. Une fois encore, j'ai eu la chance de tomber, pour mon premier voyage, sur des gens charmants, gentils, patients, exigeants, qui ont apprécié ma motivation et compris ce que je pouvais apporter à l'entreprise. Marins philippins, mécaniciens roumains, serveurs indonésiens, officiers français, guides américains ou européens : les navires de croisière sont un monde en miniature avec des centaines de personnages, d'histoires, de destins.

Quand on m'a expliqué qu'il y avait à bord une troupe de quatre danseuses et un danseur, j'ai encore cru à une boutade. « Des danseuses ? » Mais non : des spectacles sont prévus, certains soirs, pour la distraction des passagers. J'ai découvert un autre monde, si éloigné du mien. Ophélie, par exemple. Grande brune aux longs cils. Petite fille, elle se rêvait étoile à l'opéra. Devenue professionnelle, elle danse dans les troupes contemporaines, des cabarets. Un jour, elle entend parler de cette agence qui fournit, clef en main, des spectacles aux croisiéristes du monde entier. Une façon de bourlinguer, de voir le monde en étant payée, même si ce ne sont pas des fortunes. Audition, elle est prise. Elle aurait pu choisir les Antilles, la Méditerranée, Corfou, les îles grecques : elle opte pour le Grand Sud, l'aventure polaire, les manchots et les phoques, même si elle emporte ses strings et ses frous-frous. Cinq mois de navigation avant de rentrer en France. En dehors de quelques répétitions, les plannings ne sont pas très chargés. Une poignée de jolies filles sur un bateau, avec cent cinquante marins qui passent neuf mois sans voir leurs femmes et des passagers parfois insistants : il faut savoir sourire en gardant ses distances, être charmante en toutes circonstances mais ferme, sexy sur scène et aussi neutre que possible dans la salle du petit déjeuner. Pour occuper les journées, quand des excursions à terre sont prévues, les filles sont les bienvenues à bord des Zodiac, une fois que tous les passagers ont débarqué. Elles s'extasient comme nous devant cette faune extraordinaire, photographient autant que les autres et nous aident à guider les groupes et organiser le réembarquement dans les hors-bord.

Retour vers l'Argentine. Nous quittons l'Antarctique, les promesses du dépliant vantant les mérites de la croisière australe ont été tenues. Sourires chez les passagers, sourires de l'équipage. Mais le commandant prévient : entre nous et le cap Horn, une tempête se prépare dans le fameux passage de Drake, point de rencontre des trois océans. Au programme : les soixantièmes mugissants puis les cinquantièmes hurlants. L'horizon se bouche. On ferme les portes sur l'extérieur, arrime tout ce qui peut l'être. Épuisé, je vais faire une sieste. Les mouvements du navire me réveillent. Je regarde par le sabord : « C'est pas vrai ! » Je suis sur le sixième pont et tout ce que je peux voir, là devant, est un mur d'eau plus haut que *Le Diamant* ! Le navire monte interminablement... et tout à coup plonge. Le plancher se dérobe sous mes pieds. Tout valse autour de moi. Je chemine, presque à quatre pattes, jusqu'à la passerelle. « Mon Dieu... »

Le commandant est cramponné à la barre, mâchoires serrées. Face à lui, une muraille liquide. Il tourne à peine la tête, ne répond pas quand je l'interroge. Des creux de vingt mètres. Inimaginable. La proue monte, passe la crête d'écume fumante, plonge sans fin. Enfourne la vague suivante. Des tonnes d'eau déferlent sur les ponts, frappent les hublots si fort que je crains qu'un ne cède. Tout est verrouillé mais le commandant rappelle régulièrement, en français et en anglais à la radio diffusée dans tout le bateau, qu'il ne faut sous aucun prétexte – et surtout pas pour faire une photo – ouvrir une porte donnant sur l'extérieur. Dans la cuisine, malgré des dispositifs rodés, les casseroles volent. Mais les repas seront servis. Un piano à queue, pourtant arrimé au sol, sera retrouvé fracassé sur le sol, à l'envers. Chez les passagers, quelques côtes cassées et beaucoup de nausées. Les prévisions météo, aujourd'hui précises à l'heure près, n'étaient pas à cette époque aussi fiables. Rien ne permettait de deviner la force de cette dépression. Il faut la traverser. Le commandant va rester quarante-huit heures debout à son poste, jusqu'à ce que le cap Horn soit en vue. Puis c'est le canal de Beagle, enfin, calme plat. Je repère les lieux, rêve d'une virée en kayak... Ushuaïa, les passagers débarquent. Vingt-quatre heures dans « le port de l'Antarctique » avant l'arrivée des nouveaux. L'équipage, largement composé de Philippins et d'Indonésiens, se précipite dans les bars et les cybercafés pour contacter leurs familles.

Le commandant organise un briefing : les prochains passagers seront tous américains. Le bateau a été affrété à cent pour cent par Gohagan, un puissant tour-opérateur basé à Chicago. C'est un test, le grand patron sera du voyage. L'enjeu est de taille pour la compagnie du Ponant : échec interdit, tout doit être parfait. Nous appareillons. Me voyant sans cesse un appareil photo ou ma petite camera vidéo à la main, M. Gohagan, qui n'a pas emmené de photographe, me demande si je voudrais bien prendre une série de clichés et de films pour lui. Je demande la permission au commandant : les désirs de M. Gohagan sont des ordres. Je suis libéré pour ce reportage photo-vidéo de la plupart de mes tâches de guide. Je mitraille. Pars, seul aux commandes d'un Zodiac, explorer et photographier de nouvelles baies, de nouvelles plages. Je monte sur des pics, part randonner pendant des heures. Des merveilles dans mon viseur. À l'arrivée, M. Gohagan sera ravi du résultat et enverra une lettre de recommandation et de remerciements à la compagnie.

Retour à Paris. Tout s'est bien passé. Les échos de mon travail sont bons. « Alors, Nicolas, l'an prochain, tu peux te libérer pour décembre, janvier et début février ? *Le Diamant* retourne en Antarctique. » À ma grande surprise, moi qui venais pour cette fameuse « première expérience antarctique » et pour tenter de mieux gagner ma vie, j'ai découvert un nouveau métier, passionnant, exaltant, dans une nature inaccessible ou presque. Et permettre à des gens ordinaires, parfois très vieux, parfois malades, ni des sportifs, ni des scientifiques, de découvrir tout cela avec moi a constitué une nouvelle aventure. Une aventure différente de celles que j'avais vécues mais une aventure humaine formidable. J'y retourne l'an prochain.

D'autant qu'avec les raids à skis, les expéditions en kayak et les tournages, les croisières antarctiques vont me permettre de remplir mon emploi du temps et d'équilibrer mon budget. Je fais mes comptes : je parviens, en additionnant tout sur l'année, à environ mille cinq cents euros mensuels. La moitié de mon salaire d'enseignant mais, pour quelqu'un qui place la consommation assez loin dans la liste de ses priorités, largement de quoi vivre. J'ai tout quitté pour l'aventure, inquiété mes parents, désolé des collègues, mais aujourd'hui je suis professionnel, je cours le monde, j'en vis bien et j'en suis fier.

Les années suivantes, autour des fêtes de fin d'année, je vais régulièrement prendre l'avion pour l'Argentine. Je retrouve à Ushuaïa des équipes et des équipages avec lesquels nous explorons de nouvelles régions antarctiques. J'apprends à mieux connaître la faune, me passionne pour l'histoire de la conquête du pôle Sud, emmène les passagers sur les traces des explorateurs légendaires du XIXe siècle. Nous explorons les stations baleinières abandonnées : villes-usines qui, à l'époque où les rues de Paris et Londres étaient éclairées à l'huile de baleine, hébergeaient des milliers de Norvégiens, Français, Anglais ou Américains qui dépeçaient à la chaîne des dizaines de baleines et d'éléphants de mer par jour. Aujourd'hui ne subsistent que des pans inclinés où les mammifères marins étaient découpés, des citernes en métal pour le carburant et l'eau, des baleinières échouées, des ossements partout et des bâtiments en bois, parfois des églises ou même des cinémas...

Je persuade le commandant, quand le terrain s'y prête, de me déposer avec des passagers adeptes de randonnée – que je sélectionne – d'un côté d'une île et d'envoyer les Zodiac nous récupérer, cinq heures plus tard, sur l'autre rive. La plupart du temps, ce sont quelques heures de balade et un grand bol d'air en terrain un peu accidenté mais un matin tôt, sur l'île de la Déception, dans les Shetland du Sud, la rando a tourné à l'expédition...

Quatre-vingts clients, six guides, départ cinq heures du matin. Débarquement sur une plage de cendres volcaniques. Le sentier traverse une gigantesque manchotière : deux cent mille manchots à jugulaire nous regardent à peine passer. Nous attaquons les pentes d'un glacier, mille-feuilles de blanc et de noir, quand le vent forcit. Des nuages chargés de neige pointent à l'horizon. Les rafales redoublent : l'un des caps de l'île de la Déception n'est pas baptisé « Le soufflet de Neptune » pour rien... En quelques minutes un blizzard chargé de neige, de grains de cendre abrasifs nous cloue sur place. Pas le choix, il faut avancer : le bateau est déjà parti et nous attend, si tout va bien, de l'autre côté. Je marche en tête entre les congères, me retourne : une file indienne de silhouettes trempées, têtes baissées, capuches fermées sur les yeux. « Merde, je suis allé trop loin. C'est trop dur, il y a trop de vieux... Crétin ! Ils vont être furieux, tu vas te faire engueuler. » Les guides encadrent, rassurent, galvanisent. J'ai mon Iridium, un GPS, une balise Argos, un traceur – balise satellitaire qui donne au bateau notre position en permanence : nous ne sommes pas perdus, ne le serons pas, mais quand même... Enfin, le bas de la falaise, nous sommes à l'abri. Le bateau est là, les Zodiac foncent. Les passagers retirent leurs capuches : les yeux brillent de plaisir, grands sourires. Ils sont ravis. Ce qui les motive, à une échelle différente, c'est la même chose que moi : découvrir, vibrer, le goût de l'aventure.

En fin de saison, alors que je me prépare à regagner Paris, le commandant du *Diamant*, avec lequel le courant est bien passé pendant des semaines et qui me fait confiance, me propose de revenir, l'année d'après, comme chef d'expédition. Je connais désormais bien les lieux, mes conférences sont rodées et j'avais parfois un peu de mal à accepter les consignes de chefs d'expé dont je n'approuvais pas les méthodes. J'accepte, bien sûr, ravi qu'on me confie ces nouvelles responsabilités et prêt à les assumer. Je repense à Didier, le guide kayak qui m'a accueilli au Groenland, à 26 ans, pour mon premier job d'accompagnateur. D'ailleurs, je l'appelle, il rejoint l'équipe.

Dix jours déjà que nous sommes en mer. Nous naviguons entre les icebergs dans la mer de Weddell, au large de la péninsule Antarctique. Le début de la croisière s'est bien passé mais là, depuis quarante-huit heures, les ennuis s'accumulent. Nous avons pris du retard, n'avons pu respecter le programme. En plusieurs endroits, nous aurions pu débarquer mais les places de mouillage, que l'on doit réserver des mois à l'avance, sont toutes prises par d'autres navires. Aucun ne veut ou ne peut échanger avec nous. L'impatience monte parmi les passagers. Certains se plaignent. J'arrive sur la passerelle.

« Il y a bien un truc, commandant, mais bon, c'est un peu chaud... Si on faisait débarquer quelques Zodiac sur une plaque de banquise dérivante.

– Quoi ? Nico, tu rêves...

– S'il y a une chose que je connais, c'est la banquise. En Arctique, je passe des nuits dessus. Si je trouve une bonne plaque, les risques sont minimes. »

Il hésite. « O.K., on essaie. » Je pars en Zodiac à la recherche de la bonne plaque : assez grande pour être bien stable, assez vieille pour être épaisse mais pas trop pour ne pas s'effriter. Les bords doivent être francs pour pouvoir accoster, la surface uniforme pour ne pas risquer de cacher des trous, recouverte de neige pour ne pas glisser mais pas trop pour ne pas s'enfoncer. Elle doit aussi être assez loin d'un gros iceberg qui risquerait de la percuter. Quarante-cinq minutes plus tard, la voilà : j'appelle *Le Diamant* qui approche. « O.K., envoyez les deux premiers Zod. » Les pilotes accélèrent, posent la proue des hors-bord sur la plaque, le débarquement peut commencer. Nous avons mis en garde les passagers, tentant de dissuader les moins valides, mais tout le monde veut en être. Debout, avec des manchots, sur un morceau d'eau de mer glacé qui flotte dans la mer de Weddell, à mille trois cents kilomètres de la première ville habitée… Dix minutes, pas plus, avant de réembarquer, mais des souvenirs pour une vie.

Le Diamant, comme tous les autres paquebots polaires, a été conçu pour naviguer sous ces latitudes extrêmes : sa coque renforcée peut briser des glaces fines et affronter le genre de tempêtes que l'on rencontre dans le Grand Sud. Mais une nuit, dans la baie de Cumberland, au large de la Géorgie du Sud, j'ai cru que les éléments déchaînés allaient avoir le dessus.

Une heure du matin : je dors à poings fermés. Le commandant a choisi ce lieu pour passer une nuit tranquille. Il navigue en ovale, dans la baie, à l'abri des vents dominants. Mais dans mon sommeil je sens ma tête descendre dans le lit, jusqu'à toucher la paroi de bois. De plus en plus fort. Cela me réveille. Je suis écrasé au fond, sans comprendre. Et soudain, tout tombe dans la chambre : les livres des étagères, le verre à dents dans la salle de bains. La chaise. Je m'habille. J'ai du mal à tenir debout. *Le Diamant* a pris une gîte monstrueuse. Il ne roule pas d'avant en arrière, il se penche sur le côté. Dans la coursive, en direction de la passerelle, pour tenter de rester vertical, je dois mettre un pied sur le sol, l'autre sur la paroi. J'ouvre la porte. Le commandant, agrippé des deux mains à la barre, crie : « Nico ! On prend cent cinquante nœuds de vent ! Cent cinquante nœuds ! Je ne sais pas d'où ça vient ! Je maintiens le bateau, va prévenir. Prends tes gars, dis aux gens de ne surtout pas sortir des cabines ! Empêche-les de sortir ! » L'anémomètre du bord a cassé à son maximum : cent cinquante-cinq nœuds, plus de deux cent quatre-vingts kilomètres/heure ! Un vent de travers qui couche le bateau et menace de le faire chavirer. Au micro le commandant, voix posée : « Ne vous inquiétez pas, nous prenons un fort vent de travers mais il n'y a aucun danger. Restez dans vos cabines. » Au bout d'une demi-heure, les sifflements s'estompent. *Le Diamant* se redresse. Pas mal de dégâts à bord, des bleus et des bosses chez les passagers mais rien de grave.

Le commandant est parvenu à éloigner et à abriter le paquebot. Il comprend alors : le navire est passé devant une étroite vallée au moment où les vents dominants, soufflant d'ouest en est, forçaient. Un couvercle d'air froid au-dessus a bloqué le vent plus chaud vers le sol entre les parois de la vallée, l'accélérant encore. Comme si Éole avait soufflé de toutes ses forces dans un trou de serrure. Les instruments étant cassés, on ne saura jamais quelle a été la force des rafales, mais elles ont certainement dépassé les trois cents kilomètres/heure.

10

Le choc des cultures

Le baroudeur a apprécié les croisières, les conférences dans le Grand Salon et les rotations de touristes en Zodiac : à Paris, cela en a surpris plus d'un. Alors si j'aime ça, on va m'en proposer d'autres. Non pas en Antarctique mais en Arctique.

Le tourisme polaire s'y est développé tôt, dès les années 1880, en voiliers spécialement construits pour une clientèle bourgeoise et privilégiée. Aujourd'hui de nombreuses agences proposent le Grand Nord. Des voyages partent à destination de l'Islande, du Spitzberg ou du Groenland. Des régions que je connais à skis ou en kayak mais que je vais longer, quelques mois après mon premier voyage à partir d'Ushuaïa, à bord d'un navire russe.

Plusieurs vaisseaux, officiellement d'anciens bâtiments de « prospection » de l'ère soviétique, ont été transformés en unités de croisière pour touristes occidentaux. Port d'attache : Mourmansk. « Transformés » à la russe : nous sommes loin du niveau de confort du *Diamant* ou de son successeur, le *Boréal*, ultramoderne et encore plus luxueux, lancé en 2010. Ici pas de doré, pas de moquette. Du lino, du vert pâle ou du mauve. Pour l'équipage, deux containers ont été posés sur le pont arrière et remplis de couchettes. Pour la cinquantaine de passagers, lits superposés dans de petites cabines. Chacune est dotée d'une « toile antiroulis » : par gros temps, vous la tendez et l'accrochez pour éviter de tomber de la bannette. Mieux vaut ne pas être trop large d'épaules. De gros rebords aux étagères. Trois toilettes-douches par pont. Le restaurant, qui est aussi salle de conférences et salon d'honneur, tient de la cantine (carottes râpées, steak frites, mousse au chocolat). Tables et chaises vissées au sol. Samovar dans un coin, icône sur le mur. Les nappes en coton sont mouillées en permanence : pas agréable pour les coudes mais ainsi assiettes et couverts ne valsent pas par gros temps. Pour le service et l'entretien, pas d'Indonésiens mais d'ombrageuses matrones ukrainiennes. Un cuisinier argentin. Ici, pas de carte magnétique pour les passagers : un tableau à jeton près de la porte. Un côté bleu, un côté rouge. On le tourne quand on descend, le retourne quand on remonte à bord. Interdiction d'oublier.

Le *Grigoriy Mikheev*, que je rejoins à Reykjavik (Islande), est commandé par Alexander Pruss, un commandant d'origine tchouktche – petit peuple de la Sibérie, cousin des Inuits, près du détroit de Béring –, qui a passé sa vie à naviguer entre les icebergs. Pas impressionné par grand-chose. C'est le seul à bord à parler un anglais sommaire, avec un terrible accent russe. « Nicolass, no prrroblem, Nicolass. » Les dix-huit autres membres d'équipage tournent à peine la tête quand je tente d'établir un contact. À part le premier jour quand il me prend l'idée stupide, en regardant la mer du Groenland sur la passerelle, de siffloter « Emmenez-moi » de Charles Aznavour entre mes dents. Le second se tourne vers moi, puis les autres marins, visiblement furieux. Ils m'interpellent en russe. Je les regarde en souriant bêtement. On file chercher le capitaine, qui comprend et part dans un grand éclat de rire. « Nicolass, on ne siffle jamais à bord d'un bateau russe. Cela fait se lever le vent. C'est pire que de prononcer "lapin" à bord d'un bateau français. » Première leçon. Au poste de commandement, des dizaines de cadrans de toutes sortes et toutes tailles. Au-dessus, de grandes antennes et des paraboles. Bien davantage que sur tout autre bateau. Je demande à quoi tout cela peut bien servir, ils semblent inutilisés. Personne ne sait ou ne veut m'expliquer. « Oh, ça, c'est vieux, on ne s'en sert plus... »

En fait de « prospection », je comprends que le *Grigoriy Mikheev*, solide et rustique, au confort spartiate, était certainement l'un de ces nombreux navires espions soviétiques, officiellement des « chalutiers », qui ont pendant des années joué à cache-cache, dans les mers froides du Nord, avec la flotte de l'Otan. Ils croisaient en nombre, faisant semblant d'être occupés à autre chose, dès que l'Alliance atlantique organisait des manœuvres. En revanche, l'oignon scotché au baromètre, je n'ai jamais compris à quoi il servait, même si j'ai souvent posé la question. Partout des instruments en bakélite, des cadrans à aiguilles, des pupitres roses, technologie des années 1970.

Pour ce premier voyage, la cinquantaine de passagers français part « sur les traces de Jean-Baptiste Charcot ». C'est le soixante-dixième anniversaire de la mort, dans un naufrage au large de l'Islande, du « gentleman des pôles », pionnier de l'exploration polaire française au début du XXe siècle. À bord, Anne-Marie Vallin-Charcot, petite-fille du commandant du *Pourquoi Pas ?*, venue lancer une gerbe sur les lieux du naufrage. Avec mon amie Marie, qui la connaît bien, j'étais allé la voir, peu auparavant, dans la maison familiale de Neuilly où elle a conservé intact, au rez-de-chaussée, le bureau de son grand-père. Au fil des conférences et de mes recherches historiques, j'ai appris à apprécier la vie, l'œuvre et l'élégance de ce gentilhomme des glaces, qui a exploré Arctique et Antarctique – où il a hiverné deux fois – et a sillonné la côte nord-est du Groenland. Plus qu'aucun autre, c'est mon héros polaire. Anne-Marie m'a ouvert la porte de son bureau : documents, cartes, photos, bloc de papier, stylo et sculpture d'ours, tout est là. Une édition originale de son livre le plus connu, *La Mer du Groenland*[1]. Comme s'il venait de quitter la pièce.

Fin août 2006. Nous quittons le port de Reykjavik. Deux heures plus tard, nous sommes sur les lieux du naufrage. Pris dans une terrible tempête, le *Pourquoi Pas ?* a subi une avarie de sa machine à vapeur et a été rossé par les vents sur la côte islandaise. Vingt-trois morts et dix-sept disparus, dont Charcot. Un seul survivant : Eugène Gonidec. Cap ensuite, à travers la mer du Groenland, sur le détroit de Scoresby, sur la côte nord-est de la grande île. Quarante-huit heures de gros temps. Les vents dépassent force onze. Le *Grigoriy Mikheev*, étroit et haut sur l'eau, roule et tangue. Ici, pas de stabilisateurs latéraux...

Faute de place, je suis logé dans l'infirmerie. Mais le médecin du bord, un Grenoblois, est terrassé par un mal de mer bien plus sévère que celui qui frappe les passagers dont il devrait s'occuper. Sa femme, enceinte de trois mois, n'est pas mieux. Ils ne quittent pas leurs couchettes. L'expérience antarctique m'a appris à anticiper les nausées : j'ai pris mon Mercalm bien en avance et résiste mieux. Je deviens infirmier du bord, distributeur de cachets et de pommes à des dizaines de passagers nauséeux.

1. Paris-Bruges, Desclée de Brouwer, 1936 ; Paris, GNGL Productions, 2001.

Nous arrivons à l'aube devant Ittoqqortoormiit, le petit village près duquel, trois ans plus tard, je reviendrai avec l'équipe de *Paris Match* pour dessiner le logo sur la banquise. Le navire se met à l'ancre, nous débarquons en Zodiac. Visite du village, nous entrons dans l'église. Je présente Anne-Marie au pasteur. En français : « Charcot ? Le commandant Charcot ? Le *Pourquoi Pas ?* ? » Il se souvient très bien des récits de sa mère qui lui racontait comment, dans les années 1930, le Français était venu ici, avait passé des mois, fait construire une maison avant de l'offrir à la commune. Sa mémoire y est honorée bien plus qu'à Neuilly.

Le lendemain nous appareillons pour faire le tour de la Terre de Milne, par les fjords Fohn et Rode. Au fond de l'une des baies, une petite anse. Sur la carte : Port-Charcot. Paysages minéraux, immenses falaises ocre, icebergs de glace bleue, montagnes en mille-feuilles noir et blanc, un relief alpin splendide. Des caps, des promontoires, des lieux-dits ont des noms français. Anne-Marie explique : « Là, c'était le géographe du bord. Là, un marin. Là, le maître d'équipage. » Le commandant a été le premier à cartographier la région.

Et au fond du fjord Nordvest, tellement profond que certains ont longtemps pensé qu'il pouvait traverser tout le Groenland, la mythique Terre de Charcot. Débarquement sur une plage bordée de falaises. À l'infini, un enchevêtrement de monts et de collines brun-mauve. J'aurais adoré partir à l'aventure, tente et chaussures de marche, pendant cinq ou six jours, mais déjà il faut remonter à bord. Une coupe de mousseux russe à la mémoire du grand homme…

C'est également à bord du *Grigoriy Mikheev*, commandé par celui qui est devenu mon ami tchouktche, que nous avons pénétré, l'année suivante, dans le détroit de Smith, tout au nord du nord-ouest du Groenland. Siorapaluk, le village habité le plus septentrional au monde, est derrière nous. Nous doublons le cap Alexandre. La proue fend les glaces, la banquise menace de se refermer sur nous. « Là, Nicolass, me dit le commandant, on ne peut pas aller plus loin. Il faut faire demi-tour. » Sur la carte, je repère un ancien village abandonné, Etah, au fond d'un petit fjord. Il doit y avoir des vestiges de maisons en tourbe, habitat traditionnel, dans ces contrées sans arbres, des Inuits avant l'importation du contreplaqué danois. Je suis chef d'expédition : cela pourrait faire un bon lieu de débarquement et de découverte pour mes passagers. Le problème, c'est que le fjord, comme tant d'autres dans la région, n'a jamais été cartographié. Nous ignorons sa profondeur. Le commandant Pruss est d'accord, nous allons avancer doucement, au sondeur.

Je scrute la côte à la jumelle : nous progressons au ralenti quand on m'appelle sur la passerelle. « Nicolass, viens vite. Quelqu'un nous appelle à la radio. Ça parle groenlandais, je ne comprends rien. » Canal seize.

« Nous vous voyons arriver... Qui êtes-vous ?

– Nous sommes un bateau de touristes. Nous visitons le fjord. Et vous, qui êtes-vous ?

– Nous sommes des chasseurs, de Siorapaluk et Qaanaaq (Thulé). Tu es groenlandais ?

– Non, français.

– Français ? Et tu parles notre langue ?

– Oui, oui, je l'ai apprise. »

Des chasseurs... J'ai immédiatement envie de les faire rencontrer à mes clients – parmi eux, pour la première fois, mes parents. Les icebergs et les baleines, c'est bien et cela fait de jolies photos, mais mon but, en venant en

Arctique, est de faire partager aux passagers ma passion pour les Inuits, leur gentillesse et leur humour.

« Est-il possible que nous débarquions ?

– Avec plaisir ! »

Nous descendons un Zodiac à la grue. Ils m'attendent sur la plage. Quatre solides gaillards, petits, larges d'épaules, souriants, pommettes hautes, les yeux très bridés. Pantalons en peau d'ours blanc, anoraks de chasse, bottes en phoque, fusils à l'épaule. Cinquante-six mille habitants au Groenland : tout le monde se connaît. En quelques minutes, je parviens à citer les noms de chasseurs d'ours de Kullorsuaq, plus au sud dans la baie de Melville. Ce sont leurs amis aussi.

Sur place depuis deux semaines, ils ont retapé une maison en tourbe, refait le toit, installé un poêle au fuel. Leur relais de chasse. Tout autour, des carcasses, des quartiers, des pattes, des têtes coupées de bœufs musqués. Entrailles à demi dévorées. La terre est rouge de sang. Un étalage de boucher, version polaire. Le désordre cruel des hommes en campagne. Une dizaine de renards, tous tués par balles. En cette saison les poils de certains sont encore marron, d'autres tirent sur le gris-bleu. Bientôt, aux premières neiges, ils seront blancs. Leur fourrure a toujours attiré les chasseurs. Restés dehors, ils sont raidis, congelés par le froid. Nous sommes en août mais tellement au nord du monde que les premiers flocons sont déjà tombés. 0 °C le jour, moins 5 °C la nuit. La maison de tourbe, les tenues de chasse, le gibier, les paysages : sans la veste de sport de l'un des chasseurs, cela pourrait être une photo, en noir et blanc, de Paul-Émile Victor...

Je leur explique que cinquante touristes français sont à bord du navire et seraient ravis de les rencontrer, de passer un moment avec eux. Des touristes, deux d'entre eux en ont déjà vu passer quatre, il y a longtemps.

« Ce serait un plaisir de rencontrer vos amis.

– O.K., je vais les chercher. Mais bon, s'il vous plaît, les bêtes tuées, là... Pourriez-vous arranger un peu ça ? Vous savez, en France, la chasse, les animaux morts, c'est pas comme ici. Les gens sont un peu sensibles.

– Oui, oui, bien sûr. On s'en occupe. »

Je retourne à bord. Nous mettons les quatre Zodiac à l'eau, plusieurs voyages, et voilà mes passagers, ravis, sur le rivage. Alexander Pruss est descendu, lui aussi. Je guide tout le monde vers la maison. Les chasseurs sont là, souriants, en rang l'un à côté de l'autre, un peu intimidés comme de coutume mais visiblement contents. Près d'eux, alignés comme à la parade, debout sur leurs pattes gelées, la petite troupe des renards morts. Ils les ont calés droits avec des pierres, des morceaux de planches. La plupart ont le crâne à moitié explosé, tous les flancs percés, entrailles à l'air, gueule sanglante. Effectivement, ils ont « arrangé ça », à la groenlandaise. Plus loin, les quartiers de bœufs musqués sanguinolents. Ici, on est chasseur. Fier de son tableau.

Certains visiteurs rigolent. Mais quelques-uns, du bout des lèvres : « Ils ne sont pas protégés, ces renards ? Pas trop jeunes ? Menacés ? Ils n'en ont pas tués plus qu'ils n'en avaient besoin ? » Bang ! Bang ! S'il y en a un que la chasse, le sang et le gibier mort ne dérangent pas, c'est le commandant Pruss, tout heureux de montrer son adresse au tir à ses cousins inuits. Hilare, il fait des cartons à la 22 LR sur des planches verticales.

Même s'ils n'ont pas d'idiome commun, il s'entend tellement bien avec eux qu'il me demande de les prévenir : il a consulté la météo avant de quitter le navire. Du mauvais temps est prévu pour les prochaines quarante-huit heures dans le sud du détroit de Smith. C'est notre direction pour redescendre la côte est. « Nicolass, dis-leur : s'ils le veulent, nous pouvons prendre leurs hors-bord sur le bateau et les déposer à Siorapaluk. De toute façon, on y passe. » Je traduis. Les yeux des chasseurs brillent. Non seulement ils vont rentrer chez eux en une nuit au lieu de quarante-huit heures, mais en plus ils vont voyager au chaud sur un paquebot... Ils rangent la cabane, transportent gibier et quartiers de viande dans leurs petites embarcations. Les grues du *Grigoriy Mikheev* remontent tout le monde à bord. Les chasseurs aux anges sont les invités du commandant. Cela tombe bien : ils vont lui indiquer les hauts-fonds du fjord, dont nous allons sortir plus vite qu'avec le sondeur.

Je leur fais visiter le bateau : ils sont passionnés par le sauna et ses grosses pierres brûlantes, le ronflement du moteur, les instruments de la passerelle – surtout le radar, sur lequel se dessinent les icebergs. Dîner : ils adorent la soupe et le pain. Pour le reste, en revanche, ils testent du bout des lèvres mais les goûts sont trop étranges. Ils lorgnent en coin les rayonnages du bar. Les passagers les pressent de questions, je traduis : « L'hiver, c'est pas trop dur ? » « Vous payez un loyer ? » « Les renards, qu'est-ce que vous en faites ? » « Le réchauffement climatique, vous en pensez quoi ? » « Vous avez des chiens de traîneau ? Combien ? » « Vous mangez quoi au petit déjeuner ? »... L'un des chasseurs va ensuite chercher une épaule de morse et un os pénien d'ours, utilisés traditionnellement comme tambours, et esquisse quelques chants et pas de danses chamaniques. Puis ce sont les démonstrations de jeux de force, dont les Groenlandais raffolent. Je m'éclipse vers 23 heures, quand la variété russe et le disco remplacent les rythmes traditionnels, pour préparer le programme du lendemain. Nos invités seront logés dans une cabine double. Je rappelle bien au barman, un Belge, que les Inuits supportent très mal l'alcool et que j'interdis qu'il leur en serve. Bonne nuit.

Coups à ma porte trois heures plus tard. Le barman, ivre mort. « Bon, Nico, faut venir là... Tes amis les chasseurs ça va pas du tout. Je sais plus quoi faire. Débrouille-toi avec eux. Ils sont fous... » Il disparaît. Je passe réveiller l'un des guides. Dans le salon nous trouvons les chasseurs fins soûls. L'un d'eux veut absolument quitter le bateau et, sur le pont, tente en criant de décrocher son hors-bord de la grue. Un autre, torse nu, veut sauter par-dessus bord. Un troisième sanglote dans un coin et veut rentrer chez lui. Comme les Amérindiens, les Inuits ont un métabolisme qui, parce qu'ils manquent de certains enzymes, est très sensible à l'alcool. Deux verres les font rouler sous la table et les rendent dépendants. C'est pour cela que certains villages, sur la côte ouest, ont banni le vin, la bière ou les alcools des rayons de leur unique magasin. « Bon, alors là les gars, ça suffit ! Faut dormir maintenant ! » Plus de cabine, je les installe sur les banquettes du salon et leur promets que, « oui, oui », je reste dormir avec eux. Nous fermons toutes les portes. Ils se lèvent sans arrêt, pleurent, veulent aller aux toilettes, me réveillent pour me dire qu'ils sont malheureux.

Au matin, Siorapaluk est en vue. Grande plage de sable – très rare dans la région – sur laquelle se sont échouées des centaines d'icebergs de glace transparente. Frais, radieux, ravis de leur périple, les quatre chasseurs font leurs adieux et offrent des cadeaux aux Français tandis que des marins russes, qui les ont regardés de travers depuis le début, descendent les hors-bord.

11
Au bout du monde

Mon année est désormais rythmée par une succession de croisières, en Arctique ou en Antarctique, de raids à ski et en kayak. Je ne suis plus à Paris que dans les intervalles, quelques semaines en mai-juin et octobre-novembre. En plein hiver ou en été, c'est vers le Groenland que je préfère tourner mes spatules et ma pagaie. Pourquoi ? Je ne le comprends pas encore très bien. Cette terre rude, grandiose, inhospitalière, aride, façonne des hommes à son image et m'attire. Explorer les derniers mondes sauvages du Grand Nord, le plus loin possible du confort et du mode de vie uniformisé diffusé par les satellites de télévision. Tout en haut sur la mappemonde, il reste des zones blanches.

Sur la carte de la grande île, côte ouest, Upernavik, petite île, grosse bourgade, terminal des ferries. L'aéroport n'a été construit qu'en 2000, à grands frais, en rasant le sommet de la montagne. Au-delà, il faut trouver son bateau. Au-dessus, très loin, Thulé, où l'on ne se rend qu'en avion. Mais la ville mythique de l'ethnologue Jean Malaurie et de ses *Derniers rois de Thulé*[1], paradoxalement, m'attire moins. Est-ce dû à la grande base américaine et ses centaines de soldats, aux liaisons aériennes, à la facilité de

1. Paris, Plon, 1989 ; Paris, Pocket, 2008.

s'y rendre, aux nombreuses études et descriptions qui lui ont déjà été consacrées ?

En revanche un jour à Ilulissat, haut lieu touristique du Groenland où j'ai passé des mois, je parle avec un guide danois. « Upernavik ? Mais qu'est-ce que tu veux aller faire là-bas ? Il n'y a rien. Ils ne parlent même pas danois. » Il pensait me dissuader, il a piqué ma curiosité. Ne parlent pas danois... C'est peut-être plus sauvage qu'ici. Il faut que j'aille voir.

Le maire d'une ville plus au sud à qui je parlais des villages du Nord, de la mer de Baffin et de la baie de Melville, et de la possibilité d'y emmener journalistes ou touristes m'avait mis en garde : « Vous savez, là-haut les villages sont sales. Il y a des caisses pour le gras, des charognes de chiens parfois, des phoques morts un peu partout... Les chasseurs, ils ne rangent pas grand-chose. Pas l'habitude. Et puis ils mangent de ces choses ! Cela peut même être dangereux pour des estomacs étrangers. Je ne sais pas si cela serait bien pour des visiteurs... » Je m'engloutis dans les cartes marines. Des heures à imaginer des itinéraires de kayak, repérer les courants, noter des noms d'îles ou de hameaux abandonnés. Une région de la taille du Danemark, avec mille cinq cents habitants... Le point extrême atteint par les Vikings, qui n'ont pas poussé plus loin à cause des glaces.

Et un été, j'arrive à Upernavik avec une équipe de kayakistes. Nous longeons la côte, vers le nord. Dans ces contrées où les étrangers en général et les randonneurs en kayak en particulier sont rarissimes, notre arrivée est un événement. Mon groenlandais sommaire fait merveille, sans parler des tours de cartes et de magie... Nous pagayons jusqu'à Najat. Ils y ont gardé le souvenir du Français Jean-François Le Mouël, qui a hiverné avec eux dans les années 1980 et en a rapporté un livre, *Les Trente-six Eskimos de l'île aux Mouettes*[1]. Les enfants se précipitent. Les plus vieux observent, sourient puis acceptent de monter dans nos kayaks. Pour ces chasseurs de phoques, nés la pagaie à la main, ce sont des monstres. Beaucoup trop lourds, longs et lents. Ce petit monsieur ridé qui peine à s'extraire de mon Nautiraid a harponné des dizaines de baleines sur son allumette flottante.

Pour la première fois, je pagaie entre des icebergs, des gros. Avec l'envie de les approcher. Attention ! ils sont dangereux. Les glaciers relâchent par endroits tellement de glace qu'ils tendent des pièges : une nuit, nous montons les tentes sur une petite île, avec l'eau libre et facile d'accès. Le lendemain matin, le glacier voisin a craché tant d'icebergs que le fjord est blanc. Impraticable avec nos petites embarcations. Nous avons dû attendre que le vent les écarte et nous ouvre des voies. La calotte glaciaire est toute proche : nous partons faire des randonnées dessus.

Nous trouvons d'anciens villages, vestiges de maisons en tourbe, des cimetières. Comme il est impossible de creuser la terre, les Inuits ont toujours enterré leurs morts sous des tas de pierre – et de béton aujourd'hui. Par endroits, entre les rochers, on distingue ossements ou corps momifiés. Là, comme à Ilulissat et Upernavik, je commence à entendre parler d'un autre endroit, plus haut sur la côte. Le village le plus isolé du pays, le plus difficile d'accès, comme dans une impasse à l'entrée de la baie de Melville : Kullorsuaq.

« Là-haut, me prévient mon ami Titus qui a caboté sur toute la côte, apporter le ravitaillement, c'est spécial. Il y a peu de poissons, beaucoup d'ours. Les gars de Kullorsuaq,

1. Paris, Berger-Levrault, 1984.

ce sont des chasseurs. Ils ne sont pas faciles. Des tueurs. Pas bavards. Même avec moi qui les connais et leur apporte à manger, ils ne sont pas toujours sympas. Plus beaucoup d'endroits comme ça dans le pays. » « Pas bavards », venant de quelqu'un qui peut passer trois heures à l'affût à côté de toi sans ouvrir la bouche, ça parle... Il ne m'en fallait pas plus : je suis mordu. C'est là qu'il faut aller. Quelques mois plus tard, je convaincs des clients de Grand Nord Grand Large, bons kayakistes, de tenter l'aventure. Les sacs dans le bateau de Titus, cap au nord.

Le port de Kullorsuaq est une minuscule anse de granit, mauvaise jetée de bois, planches disjointes, exposée à toutes les houles de Baffin, envahie d'icebergs crachés par le glacier voisin en toute saison. Même un petit chalutier comme celui de Titus ne peut y accoster. Nous débarquons dans l'annexe du bord. Matériel posé sur le ponton, nous sourions bêtement à trois jeunes et deux vieux qui nous regardent en coin. Des hommes passent, vont à leurs hors-bord sans tourner la tête. J'essaie d'engager la conversation : ils haussent les sourcils, s'éloignent. Même les enfants jouent l'indifférence. Nous allons à l'unique magasin, tout près de l'eau, complétons le ravitaillement. Nouilles japonaises, biscuits, chocolat. La caissière prend l'argent, lève à peine les yeux. Avec les jeunes, mes petits tours de magie ne marchent pas.

« Un endroit où dormir ? – Non, y en a pas. – On vient de France. Vous voyez, là, on va descendre en kayak jusqu'à Upernavik. » Silence. Bon, alors on va y aller, nous... Sortons les kayaks des sacs, commençons le montage. Partout ailleurs, attroupement et commentaires garantis. Ici, rien. Personne. Ils sont trois-quatre, sur la jetée, à nous regarder nous éloigner à la pagaie sans un signe. On trouve un endroit où camper, de l'autre côté du fjord.

Deux semaines et des heures de fabuleuse randonnée plus tard, nous arrivons à Upernavik, terme de l'expédition. Les clients sont ravis. L'accueil partout ailleurs a été chaleureux, les rencontres passionnantes, les paysages splendides. Titus sourit.

« Alors, Kullorsuaq ?

– Ben, dis donc, tu avais raison. Ils ne sont pas faciles.

– Bon, maintenant, je t'explique... »

La baie de Melville est un lieu de passage éternel des narvals et des bélugas. Ensuite, en descendant le long des côtes ouest du Groenland, ils filent vers le large, hors de portée des fusils et harpons. Et comme ces deux espèces se nourrissent de poisson, notamment de flétan, il n'y en a pas beaucoup. Donc, contrairement au reste de la côte, il est difficile d'y vivre de la pêche. Il y a beaucoup d'ours polaires, aussi. La région leur convient, elle est presque déserte, montagneuse et regorge de phoques. La banquise est épaisse en hiver, ce qui leur facilite la chasse. Et en été, les immenses glaciers de la calotte toute proche sont de bons refuges frais.

Kullorsuaq est réputé dans tout le Groenland : le village des harponneurs de baleines, des tueurs d'ours. L'un d'eux, Peter Aronsen, est une légende vivante. Mais s'ils étaient tout en haut de l'échelle sociale dans la société inuit traditionnelle il y a un siècle, les chasseurs ont du mal à conserver leur place, leur rôle et leur statut dans le monde contemporain. Depuis trente ans, sous la pression des écologistes, des sociétés de protection des animaux et des opinions publiques occidentales, des quotas toujours plus restrictifs ont été appliqués à leur gibier. Leurs sources de revenus se sont taries les unes après les autres. Il n'y a pas si longtemps, ils fournissaient le reste du Groenland en *matak*, ces morceaux de peau et graisse de baleine, friandise traditionnelle qu'ils vendaient un bon prix. Mais parce qu'ils n'ont plus le droit d'en tuer assez, le seul acheteur de la région a renoncé à ce négoce. Il n'achète plus rien. Et eux sont incapables d'en organiser l'expédition et la vente.

De même, les peaux de phoque : là, pas de quotas, ces bêtes abondent. Pour nourrir les vingt-cinq chiens de son attelage, un chasseur tue au fusil ou capture au filet environ cinq cents phoques par an. Avant les campagnes pour l'arrêt de la chasse au bébé phoque, qui ont été élargies à l'ensemble de l'espèce alors qu'elle n'est en rien menacée, la demande était bien supérieure. Une peau était achetée aux chasseurs environ huit cents couronnes danoises (cent dix euros). Maintenant, le marché s'est tellement réduit que leur prix est tombé à deux cent cinquante couronnes (trente-quatre euros). Par moments, on ne les leur achète même plus du tout. Brigitte Bardot a exigé un moratoire sur la chasse au phoque, parce que les petits bébés phoques en photo sont si mignons et leur chasse à coups de bâtons atroce. Mais elle a contribué, sans le savoir ou sans en avoir cure, à l'appauvrissement de milliers d'Inuits, au Groenland et ailleurs. Elle est honnie sur toute l'île.

L'ours polaire ne peut être commercialisé sous quelque forme que ce soit. Il est mangé sur place, donné ou échangé. Sa peau sert à faire des vêtements. Les chasseurs offrent les griffes en cadeau ou les utilisent pour faire du troc. C'est encore plus strict pour les dents de narval, splendides trophées en ivoire torsadé : interdiction totale. Pour être autorisé à en rapporter une chez lui, un fonctionnaire danois devra prouver qu'il est resté au moins deux ans en poste au Groenland. Un jour de moins et c'est la confiscation à la douane. Pas de marché non plus pour la viande de narval ou de béluga.

« Kullorsuaq est le dernier village de chasseurs qui n'ont pas d'autre activité que la chasse, mais la vie y est dure parce qu'ils n'ont plus aucun moyen de gagner de l'argent, me raconte Titus. Leur métier disparaît, ils sont sans doute les derniers de la lignée. Ce sont leurs femmes, avec les salaires de l'école, du magasin ou des services sociaux où elles travaillent, qui font vivre la famille. Pour un chasseur, homme fier par excellence, ce n'est pas facile à accepter. » En 2009, pour leur permettre de vivre d'autre chose que de troc et du salaire de leurs femmes, le gouvernement groenlandais les a autorisés à emmener quelques étrangers amateurs de gros gibier à la chasse à l'ours sur la banquise. Imaginez combien de riches chasseurs européens ou américains seraient prêts à payer pour en ajouter un à leur tableau ! À une condition, bien sûr : que le nombre de bêtes ainsi abattues soit déduit de leur quota international : trente-trois pour chacune des trois régions du pays où l'on chasse l'ours. Un village a refusé tout net : Kullorsuaq. Laisser un étranger tirer *nanoq* à leur place !? Pas question.

Je comprends mieux pourquoi l'endroit m'attire. Les derniers chasseurs. Les fils et petits-fils, héritiers de ceux qui ont fasciné Charcot et Paul-Émile Victor. Témoins d'une civilisation sur le point de disparaître. Même l'accueil glacial qu'ils m'ont réservé ne me décourage pas. Au contraire. J'y vois de la pudeur, de la retenue, de la fierté. De la grandeur. C'est là qu'il faut que j'aille.

Je rentre en France. Un message de Stéphane Peyron m'attend. Il n'a pas oublié nos repérages et a mûri un autre projet : faire construire un voilier spécialement pour le faire prendre dans les glaces et passer un hiver sur la banquise, tout près de chasseurs et de leurs familles. Tout filmer, grand écran pour le cinéma. Il voudrait que je l'aide à trouver l'endroit, le plus sauvage et authentique possible. Je me souviens d'une phrase qui revenait sans cesse à Upernavik : « À Kullorsuaq, la glace est bonne, épaisse. » Et si Stéphane veut du sauvage, de l'authentique, il va être servi.

Début mars, au cœur de l'hiver, quand il fait le plus froid et que c'est le plus beau, l'hélicoptère d'Air Greenland pose ses patins sur « l'héliport » de l'île : une surface à peine plane à l'orée du village. Un demi-conteneur, des fûts de kérosène attachés par quatre sur des palettes, à moitié enfouis dans la neige. Trois vols par semaine si la météo le permet, ce qui est rare. Personne ne nous attend. Nous marchons, sac au dos, vers la « maison commune » : grande bâtisse de bois rouge qui abrite les douches – pas d'eau courante à Kullorsuaq –, la laverie, une grande salle pour les réunions, fêtes et mariages, et une petite pièce dans laquelle la gardienne des lieux, gorgone locale en miniature, cheveux bouclés et regard farouche, nous autorise à déplier nos duvets.

Je tente d'engager la conversation. Pas plus de succès que l'année précédente. Je demande si l'on sait où se trouve Peter Aronsen, le chasseur. J'explique que nous allons venir faire un film dont il pourrait être l'un des héros. Quatre cent cinquante habitants, une dizaine de familles, soixante-dix maisons accrochées à la montagne, un seul magasin : tout se sait. Pourtant je n'obtiens que des haussements d'épaules ou de sourcils. Pas grave, on s'installe. Ils sont fiers, je suis têtu. Nous verrons bien. Six semaines de repérage, on a le temps.

Le lendemain, nous sommes dans la cuisine de la maison commune quand nous voyons par la fenêtre deux hommes approcher. Petits, les jambes arquées, épaules massives, des mains comme des pattes d'ours, visages brûlés par le froid et le soleil. Des chasseurs. Ils montent. Café, biscuits. « Voilà, je suis Nicolas, je suis venu l'an dernier. » Ils opinent de la tête, lèvent parfois un sourcil. Ne disent rien. Je leur explique l'idée de Stéphane, fais des croquis, lance des blagues qui tombent à plat. « Titus nous a dit. » Je comprends que le plus costaud des deux, avec cette drôle de moustache dont les poils semblent pousser à l'horizontale, est le fameux Peter Aronsen. « On cherche un endroit pour poser le bateau sur la glace. » L'hiver dans un bateau à voiles, sur la banquise. Cela les amuse. Premiers sourires.

Peter est fasciné par ma tablette iPad : il fait glisser de ses gros doigts les photos, me demande combien cela coûte, où s'en procurer un. Je lui montre le nouveau GPS que je viens d'acheter à Paris. Il demande s'il peut me l'acheter. « Euh... Oui, si tu veux. » Il met sa main dans la poche de son pantalon, en sort cinq griffes d'ours qu'il jette sur la table comme des osselets. Marché conclu. Chasseur d'ours et de baleine, Peter est aussi le plus passionné du village par les nouvelles technologies. Il a un ordinateur et, grâce au salaire de sa femme, il s'est abonné à Internet et commande sur des sites marchands danois des équipements électroniques qui arrivent, après parfois des semaines, à Kullorsuaq par hélicoptère. Les autres chasseurs lui font confiance pour avoir toujours la radio ou le GPS le plus performant, seules assurances-vie ici. Je parle (mal) leur langue mais c'est la première fois qu'un étranger s'adresse ainsi à eux. Ils reviennent le lendemain, nouveau café. Ils acceptent de nous emmener, en traîneaux, repérer des lieux possibles. Bien sûr, nous paierons. Nous partons tous les quatre.

Le soir, ils dorment dans l'abri chauffé qu'ils construisent entre les deux attelages. Nous sommes dans notre petite tente. Moins 35 °C au cœur de la nuit. Pour dîner Peter fait cuire des morceaux de phoque dans de l'eau, un peu de gras. Renverse le tout sur la neige pour le refroidir. Attaque. J'aime bien mais, pour Stéphane, ce sera pour plus tard, il se contentera de sachets lyophilisés...

Faute d'explications ou de phrases construites, il faut capter les intonations de leurs rares expressions, déchiffrer les moues, les froncements de sourcil.

« La banquise, plus loin à droite, ça va, elle est bonne ?

– Oui... peut-être. »

Cela signifie : « Quelle drôle d'idée de vouloir aller là-bas, c'est vraiment pas terrible. Mais il doit avoir ses raisons. On va aller voir. » En cas de pépin – je me souviens une fois être pratiquement tombé du traîneau à pleine vitesse, raccroché in extremis à une corde –, Peter regarde, rigole et, tant qu'il n'y a pas danger de mort immédiat, ne fait rien. Attend de voir comment tu vas t'en sortir tout seul. Si tu n'en es pas capable, tu n'as rien à faire ici.

Nous parcourons la banquise, cherchons l'emplacement. Ils connaissent chaque recoin, lisent la glace, savent mimer l'ours, imiter le bruit du souffle de la baleine et le cri des oiseaux. Mais, pour le film, problème majeur : ils parlent à peine. Ce sont des « taiseux », des austères. Et cela, m'explique Stéphane, passe très mal à l'image. À l'écran, il faut des expansifs. Il faudra trouver d'autres personnages, peut-être ailleurs, mais quand nous rentrons de cette virée sur la banquise ils nous ont acceptés. Le mot est passé. Nous participons désormais à la vie du village, ils s'habituent à la présence, dans la maison commune, de ces deux drôles d'étrangers, patients, gentils, beaucoup plus souriants et engageants que les Danois qu'ils voient passer de temps en temps. Stéphane a apporté des copies de ses films et reportages sur les peuples premiers. Projections sur écran plat. Ils adorent les Indiens d'Amazonie, à demi nus en permanence. Scène de chasse à la baleine chez les Indonésiens de l'île de Lembata. Grand succès : ils trépignent, crient : « *Matak ! Matak !* » Ils sont fascinés par les Dolganes de Sibérie et leurs troupeaux de rennes. Pour terminer, tours de magie. Nous sommes invités dans les maisons, assistons aux anniversaires, aux courses de traîneaux ou aux jeux de force. Des activités très sérieuses : les rivalités entre hommes, ici, on ne rigole pas avec ça...

C'est vrai qu'il n'est pas nickel, leur village : le centre pourrait être une place s'il ne disparaissait sous un capharnaüm de palettes, cordages, planches de contreplaqué, tas de sable, barques en fibre de verre, moteurs hors-bord cassés, équipements de toutes sortes débarqués du port et posés là parce que c'est pratique. Cadavres et morceaux de phoques morts traînent ici et là. Centaines de chiens de traîneaux, faméliques et hargneux, attachés à de longues chaînes. Les plus chanceux ont des semblants de niches en bois de caisse, la plupart rien du tout. En été, ils sont à peine nourris. En hiver, ils se partagent des quartiers de phoque, avec les entrailles balancées aux chiots.

Mais ce que je ressens surtout ici, et qui me touche, c'est l'authenticité. Ils ont, par décision collective, banni l'alcool, qui fait tant de ravages ailleurs, de leur île. Pas une bouteille en vente au magasin. N'ont jamais vu un touriste, à part de rarissimes visiteurs qu'ils ne savent pas comment aborder. Un soir, alors que je rentre d'une virée en traîneau l'un des chasseurs, Ole, avise mon anorak, sa capuche, et dit : « Tu devrais mettre quelque chose autour. Cela protège. Attends. » Sa femme revient avec un morceau de fourrure d'ours jaunâtre. Elle mesure, découpe et, pour pouvoir la travailler, la mâchonne à belles dents. Comme sa mère, sa grand-mère et ses aïeules. Coud la bordure sur le vêtement, que j'ai encore aujourd'hui.

Il faut partir. Le projet de Stéphane n'aboutira pas mais désormais je ne suis plus tout à fait un étranger quand je reviens à Kullorsuaq. Et je reviens souvent. Avec des kayakistes, des skieurs, des journalistes. À chaque séjour je les apprivoise davantage, leur apporte des cadeaux, des équipements dont ils rêvent mais ne savent pas comment se les procurer. Je sors mon iPad. Ils adorent voir défiler les photos de l'Antarctique : des plages noires de phoques, d'éléphants de mer et d'otaries à fourrure ! Pour chaque espèce qu'ils découvrent, ils demandent quel goût cela a. Quand j'explique que je n'en sais rien, jamais mangé, que personne ne les chasse et que je m'attarde sur le concept de « sanctuaire animal total », les sourcils se froncent.

Un soir, à bord d'un navire de croisière au large de l'Arctique, nous discutons avec mes copains guides. Sylvain est spécialiste de l'Islande, Christophe amoureux du Spitzberg. J'adore le Groenland. L'un d'entre nous lance l'idée : chacun achète une cabane dans son pays favori et on se les prête au long de l'année...

Quelques mois plus tard, j'apprends que Fleming, le patron danois d'Upernavik Seafood, grossiste en poisson pour toute la région, a acheté deux maisons à Kullorsuaq, bien placées, pour ses équipes de pêcheurs ou de techniciens qui viennent travailler à l'entrepôt, seule activité commerciale en dehors du magasin. Il accepte de me les louer, pas cher. Un grand progrès par rapport à la maison commune. C'est dans l'une d'elles que je m'installe, un mois de septembre, pour deux semaines avec une équipe de « Thalassa ». Nous vivons parmi eux, filmons la vie quotidienne, allons de maison en maison. Je ne peux pas emprunter les sentiers de terre et de pierres qui grimpent à flanc de colline sans être interpellé par un enfant (« Nicoulass ! »), bavarder avec l'un, donner des nouvelles à un autre. Le soir est rythmé par des visites en continu dans le salon de notre maison bleue.

Une nuit, la journaliste, Sophie Bontemps, me dit : « Mais Nico, ils t'adorent les gens ici. Et toi, tu les adores. Cela saute aux yeux. Tu viens souvent : pourquoi tu n'achètes pas une maison ? » On rigole. Bonne blague. Le lendemain, en montant sur la colline pour faire des vues d'ensemble, nous passons devant une petite baraque à l'abandon. Ordures amassées devant la porte, escalier glissant de gras de phoque, plus de fenêtres, porte ouverte à tous les vents, toile bitumée sur le toit à moitié arrachée. Mais une vue sublime sur le fjord, les icebergs, les montagnes de l'autre côté. Sophie s'amuse : « Ça y est, c'est elle ! La voilà, ta maison... Il y a juste deux-trois planches à clouer... » C'est une nouvelle fois lancé comme une boutade, nous repartons peu après. Mais cela fait étincelle. Elle ne va plus me lâcher. Ma cabane au Groenland, ma maison rouge sur la colline, face aux icebergs... À Upernavik, je demande à mon ami Gerth, qui connaît tout et tout le monde, de se renseigner : « C'est le numéro B849 à Kullorsuaq. Elle est abandonnée, tu pourrais trouver à qui elle appartient, s'ils seraient prêts à la vendre et combien ? » Je n'ai aucune idée du prix : ici, on n'achète pas la terre, qui est propriété collective. Seulement la maison. Trois semaines plus tard, il m'appelle.

« J'ai trouvé. Un petit couple l'a reçue en héritage. Elle est à l'abandon depuis vingt ans. Ils habitent tout près, ne savent pas quoi en faire.

– Tu as une idée du prix ?

– Ils en voudraient vingt-cinq mille couronnes. »

Environ trois mille cinq cents euros... Dérisoire pour une maison, une petite fortune à Kullorsuaq. Les propriétaires subsistent de peu, leur maison fait peine à voir. Elle travaille à temps partiel au magasin ; lui est pêcheur, un peu chasseur. Cela lui permettrait d'acheter un moteur neuf pour son hors-bord. Trois mille cinq cents euros : je n'ai jamais gagné beaucoup d'argent mais c'est le genre de somme que je peux trouver.

De retour quelques mois plus tard, on tape à la porte de la maison que je loue, sur le port. J'ai appris la tradition du *kaffemik*, café et petits gâteaux à quiconque franchit votre seuil. Je n'en bois pas mais une cafetière fume en permanence dans la cuisine. Ce doit être Peter ou Ole, ils passent deux fois par jour raconter la vie du village ou les tribulations des chasseurs. Un couple à la mine modeste, je ne les connais pas. Lui, pas 30 ans, n'a déjà plus une dent. « Bonjour, entrez, entrez... » Ils s'assoient. Silence. Puis elle, d'une petite voix : « Alors, vous voulez toujours acheter la maison de ma grand-mère ? » Le temps d'appeler Paris, de demander à ma mère et à mon frère de m'avancer l'argent et de l'envoyer sur un numéro de compte groenlandais. Dix jours plus tard, nous signons une feuille volante : « Mme Filippine Jakobsen, dite Naja, a vendu à Nicolas Dubreuil, de France, la maison B849. » Voilà, je l'ai. Mon endroit sur la terre.

Certes, pas facile d'accès : hélicoptère capricieux ; un refuge pris dans les glaces six mois par an, sans eau courante, douche ou toilettes, ouvert à tous les vents du Pôle, encore rempli de détritus. Mais une vue sur le fjord, les icebergs crachés par le glacier Nunatakavsaup à se damner. Et à un jet de harpon de mes amis. Il va falloir remplacer ou réparer les fenêtres, recouvrir le toit et le sol, changer le poêle à fuel, installer des toilettes... Trouver des meubles :

pas simple quand tout doit venir en bateau et que la région est banquise de janvier à juin. J'ai gardé les plans d'un canapé en palettes. Je rêve du jour où je pourrai y convier mes parents, y loger amis ou reporters. Et je vais faire simple : cela doit rester une cabane, comme dans mes rêves d'enfant. En mon absence, celui qui est devenu mon ami le plus proche, Ole, et sa femme, qui habitent juste à côté, pourront la prêter, la louer à qui veut, pour compléter leurs revenus et s'initier à l'accueil des étrangers, et même des touristes si des intrépides poussent jusque-là. C'est lui qui va faire les premiers travaux.

Au fil des semaines passées à Kullorsuaq, j'ai appris les règles et les contraintes, parfois étranges, parfois déroutantes, parfois cocasses, qui régissent la vie, ou plutôt la survie, d'une communauté de quatre cent cinquante âmes accrochée à un flanc de montagne sur une île perdue en mer de Baffin. Les maisons sont en bois, importé du Danemark, peintes en bleu, rouge, jaune. Seules taches de couleur dans cet univers brun et blanc.

Impossible de creuser des fondations dans le sol gelé été comme hiver : il faut percer de gros trous dans les rochers, y fixer au ciment des pièces métalliques sur lesquelles les poutres principales sont simplement boulonnées. L'électricité est fournie par un gros générateur central au fuel. Énormes cuves, remplies par bateau avant la prise en glace. Les fils électriques courent partout dans de grosses gaines de fer rouillé, posées sur le sol.

Pour l'eau courante, là où certains villages sont contraints de désaliniser l'eau de mer, Kullorsuaq a la chance d'être surplombé, au pied du mont Kulluq, par un lac de montagne. Même au plus froid de l'année, il ne gèle pas en profondeur : une pompe y a été installée. Mais le thermomètre passe rarement en été au-dessus de 0 °C et peut descendre, au cœur de l'hiver, jusqu'à moins 45 °C : les canalisations en acier de vingt centimètres de diamètre sont chauffées sur toute leur longueur et transportent en plein air une eau tiède dans huit stations d'eau réparties dans le village. À chacun ensuite de traîner son bidon avec une corde sur la neige, direction la cuisine. Ici, l'eau est marchante. Autrefois, il n'y a pas si longtemps, les pêcheurs rapportaient dans les barques des morceaux d'icebergs, les plus transparents possibles, qu'on conservait devant la maison puis qu'on laissait fondre sur le feu.

Pour le chauffage, dans ce pays sans arbres et forêts, un poêle au fuel toujours réglé au maximum surchauffe la grande pièce commune. On vit en tee-shirt à l'intérieur. Le carburant, « Solar », est vendu en bidons, moins d'un euro le litre. Aucune odeur. Une chambre, minuscule, pour les parents. Tous les autres, et ils peuvent être nombreux dans ces familles élargies, dorment ensemble dans le salon. Les cas d'abus sexuels et d'incestes sont fréquents.

Télévision allumée en permanence : une seule chaîne. De rares programmes en groenlandais à tout petits budgets, multidiffusés. Pour le reste, des émissions en danois – qu'ils ne comprennent pas pour la plupart –, des séries policières allemandes, des documentaires sur l'art de la charpente en bois. Dans ces régions septentrionales, pas question d'antennes satellite : trop au nord et trop peu de monde pour que ce soit rentable. Aucune couverture.

Pour les toilettes, pas de chasse d'eau, bien sûr. C'est une petite pièce, tout de suite à droite ou à gauche dans l'entrée des maisons. Un trône avec abattant, comme partout ailleurs. Mais dessous, en guise de système d'évacuation, un solide sac de plastique jaune... Celui que j'ai baptisé « Monsieur Caca » et ses trois adjoints vont de maison en maison, portes toujours ouvertes. Ils entrent sans frapper, sans pénétrer davantage dans les foyers et changent le sac en un tour de main tous les deux ou trois jours. Ils sillonnent les sentiers à pied ou au guidon de leurs petits quads, seuls engins motorisés du village avec les chariots élévateurs et les transporteurs de palettes du magasin. Le contenu est ensuite jeté à la mer et les sacs incinérés. Une tâche certes ingrate mais valorisée : Monsieur Caca est bien payé – selon les canons locaux !

Les entrées des maisons sont des sas avec l'extérieur, vestiaires pour les nombreux vêtements, râteliers pour les fusils, rangements pour les outils, les cordages. Odeurs de chaussures entassées, de fuel, de graisse et de sang de phoque.

Pour le ravitaillement un seul point de vente, géré par la firme d'état danoise Pilersuisoq, héritière des réseaux de comptoirs de l'époque coloniale. Petite supérette dans laquelle se côtoient conserves, surgelés, farine à faire le pain, céréales, chocolat, outils, vêtements, bottes, laine à tricoter, cordages, bougies pour moteurs deux temps et fusils de tous calibres. Les petits cageots de fruits frais, quand le bateau vient de passer, se vident en quelques heures. Le rayon des bonbons et confiseries est disproportionné. Toute la gamme Haribo, toutes les marques danoises. Depuis que les premiers explorateurs danois ont introduit le sucre dans une culture qui l'ignorait, les Inuits en sont devenus fanatiques, dépendants : ils pensent souvent que c'est de la pure énergie qui leur permettra de mieux lutter contre le froid. La plupart des adultes ont des problèmes de dents... et souvent plus de dents du tout. Petits et grands dévorent des sucreries et boivent des sodas sirupeux toute la journée. Quand il a établi, en

1908, son premier comptoir à Dundas, près de la future base américaine de Pituffik, le légendaire explorateur, mi-groenlandais mi-danois, Knud Rasmussen échangeait sucre, gâteaux et fusils contre des dents de narval ou de morse. Une loi groenlandaise prescrit que les tarifs des magasins dans les villages isolés doivent être les mêmes partout. Faute de quoi les habitants de Kullorsuaq devraient acquitter de formidables surtaxes de transport.

Dans l'entrée, la pharmacie : deux étagères. Une dizaine de boîtes. Le paracétamol soigne tout. Et la boulangerie et le stand de hot-dogs, devant lequel la file d'attente est permanente. De l'autre côté, la poste-banque-administration locale. C'est là que bât le pouls du village, que tout se sait, tout se dit, tout se prépare. Le pêcheur en bottes venu acheter des gâteaux et de l'huile moteur y croise le chasseur en culotte d'ours, boîtes de balles à la main et son fils en casquette de rappeur, soda Fax Kondi (genre de limonade Sprite locale) et paquet de réglisse dans les mains.

Un jour, je montre à mes amis, sur Google Earth, l'emplacement de mon appartement à Paris. Ils comprennent mal la taille de la ville. Puis, grâce à Google View, la photo de l'immeuble. « Elle est immense, ta maison... Bravo ! Mais bon, elle n'est pas trop loin du magasin ? »

À cause de la banquise qui emprisonne tout de janvier à juin, les bateaux ravitailleurs, souvent des cargos russes, remplissent à ras bord jusqu'en décembre les réserves et les congélateurs du magasin. Quand ils peuvent accoster... À cause de la houle et des icebergs qui bouchent le port, la petite barge en aluminium qu'ils transportent sur leur pont et mettent à l'eau pour l'opération ne peut souvent pas approcher du ponton. Il faudra tenir six mois : souvent, fin mai-début juin, avant la débâcle, les rayonnages sont aux deux tiers vides. Chair et gras de phoque à tous les repas…

Il y a quelques années, au printemps, le village voisin de Nussuarq a été coupé du monde pendant six semaines : temps trop mauvais pour l'hélicoptère, glace qui commence à fondre, trop fragile pour les traîneaux et Ski-Doo, trop solide pour les bateaux. Aucun moyen de transport. Des cas de malnutrition avaient été détectés chez des enfants.

La survie sur leurs terres de villageois comme ceux de Kullorsuaq est un fardeau pour les finances de l'administration autonome groenlandaise, donc indirectement pour le Danemark, qui a contribué en 2010 pour 430 millions d'euros à son budget. Le fuel pour le générateur ou le chauffage, le réchauffement des canalisations d'eau, les travaux d'aménagement, les vols en hélicoptère sont subventionnés. Deux cents euros par passager pour relier Kullorsuaq à Upernavik : une fraction du prix de revient.

Sur place aucun système de santé, pas même un dispensaire. Si vous êtes malade ou vous vous blessez sérieusement, priez le ciel que l'hélico puisse voler. Si oui, le vol est gratuit vers l'hôpital le plus proche. S'il ne le peut pas, bateau en été, traîneau ou Ski-Doo en hiver. Si la mer est trop forte pour naviguer ou la banquise trop fragile, vous mourrez. Quand la mer est libre, un médecin et un dentiste d'Upernavik montent à intervalles réguliers.

Le glacier Nunatakavsaup, le fond du fjord à cinquante kilomètres de là, crache des icebergs toute l'année. Quand ils arrivent devant le port, ils explosent souvent et le remplissent de glaçons de la taille de semi-remorques. Parfois, il faut attendre des heures ou que le vent se lève pour entrer ou sortir. Aucune digue ne pourrait leur résister : avec leur masse, ils arrachent tout sur leur passage.

Aucune, en tout cas, à la portée des finances locales ou régionales. Alors, quand il y en a trop, quand des barques sont écrasées les unes contre les autres, battent contre la glace, s'abîment, se cassent, pêcheurs et chasseurs réquisitionnent le chariot élévateur du magasin pour les sortir de l'eau. Mais pas trop loin, au cas où les bélugas seraient en avance cette année...

S'ils acceptent de telles conditions de vie, « ceux de Kullorsuaq », comme on les appelle avec un respect mêlé de crainte dans la région, c'est parce qu'ils sont avant tout attachés à leur... rocher. J'allais écrire « terre », mais il n'y en a pas, ou si peu. Le sol est gelé, même en été, à vingt centimètres de profondeur. De l'eau glacée, de la glace et du granit. Bleu, blanc, gris. Mais des ours, des phoques à profusion, des narvals et des bélugas, petites baleines blanches avec des têtes rondes rappelant celles des dauphins. Ils ne peuvent plus vivre de leur chasse, font du troc avec ce qu'elle rapporte, respectent les quotas. Ce sont leurs femmes qui gagnent de quoi payer les factures. Mais ce sont les derniers vrais chasseurs du Pôle. Ils ont appris les gestes avec leurs pères et grands-pères.

Il faut les voir quand le bruit court le village que les premiers bélugas ont été repérés par les deux hors-bord envoyés en patrouille, trente kilomètres au nord dans la baie. Ils appellent à la radio très haute fréquence : c'est le signal ! Depuis trois jours, la tension montait, les hommes étaient nerveux. Des chasseurs sont arrivés d'autres villages. Sur le chantier de deux maisons en construction, on lâche les marteaux. Dans le magasin, on pose les paniers en oubliant la caisse. Un homme saute de son quad et s'élance, laissant le moteur tourner. Cris dans la montagne, piaillements des enfants, aboiement des chiens. Regards fixes, mâchoires serrées, fusil sur l'épaule, ils courent vers le port, engoncés dans leurs combinaisons fourrées, bottes en caoutchouc. Dans le bassin, c'est la cohue. Deux hommes par hors-bord, méchantes barques en fibre de verre, pas de cabine, aucun abri, basses sur l'eau, cabossées, dangereuses, dont on ne voudrait pas pour traverser le port de Marseille par beau temps.

Les cordages s'emmêlent, les moteurs toussent. Pas le temps de balayer la neige à l'intérieur. On jette à bord bouées, nourrices, harpons, armes et munitions. Il faut pousser les icebergs avec les rames, avec les proues, se faufiler entre les blocs de glace, dégager le passage. Vite. Les malchanceux dont le hors-bord est à sec poussent, tirent, font glisser les barques sur des palettes, des rochers, du gras de phoque pour atteindre l'eau. Ils ne demandent pas d'aide. Chacun pour soi. Pas de bagarre, pas d'éclats de voix. Concentration maximum, détermination froide pour être le premier dehors, le premier à fendre la mer grise, le premier sur les lieux de chasse, le premier à apercevoir le dos blanc d'un béluga. Le premier à rapporter la baleine qui sera dépecée sur la grève, sous le regard admiratif des enfants ; vagues rouges de sang.

12

Ethnologue sans le savoir

Au fil des ans j'ai appris le groenlandais, passé des mois dans les villages inuits, des semaines à la chasse avec eux. Je les connais, les respecte, les aime, j'espère les comprendre. Mais, comme c'est souvent le cas, il faudra une intervention extérieure pour que j'en prenne conscience. Un professeur de logistique, Pascal Lièvre, fait appel à moi : il prépare un ouvrage, *La Logistique des expéditions polaires françaises à ski*[1], et me demande de rédiger un article sur l'art de progresser sur la banquise. Je raconte ma chute à l'eau et donne des conseils de prudence et d'équipements.

Par son intermédiaire je rencontre Philippe Geslin. Ethnologue spécialisé en anthropo-technologie, il travaille depuis des années sur les techniques, les savoir-faire, les outils, la conception et l'utilisation des objets dans des communautés autochtones en Guinée, au Mexique, aux Philippines, au Pérou ou en Tanzanie. Premier rendez-vous dans un café près du Collège de France. Je lui raconte mes expéditions, la chasse à l'ours, au narval, les Inuits de la côte nord-ouest. Cela tombe bien : il veut changer de terrain d'études et rêve de partir explorer les mondes polaires. Il m'invite à venir parler à ses étudiants de

1. Paris, GNGL Productions, 2003.

l'Institut d'ethnologie et de l'école d'ingénieurs et de designers HE-Arc de Neuchâtel, en Suisse.

Je leur raconte les raids sur la banquise, les problèmes liés au réchauffement qui rend la glace moins épaisse depuis quelques années. En expédition, nous sommes confrontés à de nombreux bras de mer et canaux entre les glaces qui sont autant d'obstacles à traverser. « L'idéal, ce serait d'avoir des pulkas qui flottent... On s'en servirait de kayak sur l'eau. » Les yeux des futurs ingénieurs brillent, Philippe Geslin y voit l'occasion d'un travail pratique : il trouve les financements et des étudiants planchent sur les plans d'une pulka-kayak en carbone Kevlar, qui pourrait flotter même chargée et permettre aux explorateurs de franchir en sécurité de petites étendues d'eau. Mais ce sont, bien sûr, mes récits de chasse à l'ours qui captivent l'auditoire. Les « derniers chasseurs d'ours traditionnels », leur lutte pour survivre dans un monde qui les assimile aux tueurs sanguinaires d'une bête devenue l'emblème du réchauffement climatique.

Philippe veut m'accompagner pour en savoir plus sur le quotidien de ces populations. Des années après avoir démissionné de la fac, j'aime l'idée de retrouver une structure scientifique. Je me dis qu'avec lui je vais peut-être apprendre autre chose, changer mon regard. Il me demande de trouver un village de chasseurs, une petite communauté, quelques dizaines de personnes : je pense à Nutarmiut, juste au nord d'Upernavik sur la côte ouest du Groenland, et à mon ami Julunguaq, chasseur d'ours renommé. Je le préviens de notre arrivée et quelques semaines plus tard, au début du mois de mars, nous partons.

L'hélicoptère nous dépose près de Nussuaq. Cent cinquante habitants au pied du glacier de Cornell. Nulle part où dormir : le patron d'Upernavik Seafood m'a dit que nous pourrions demander asile au gardien de son bateau-usine. Je n'ai pas très bien compris. En descendant de l'hélico, je demande où il est : un gars me fait un signe de tête. Il montre la banquise, à cinq cents mètres du village. Là, prisonnier des glaces, penché sur le côté, un gros navire ventru, le *Hvitanes*. La banquise, en se refermant sur lui, l'a coincé pour des mois. Pour faire tourner les générateurs et veiller à l'entretien dans la nuit polaire, Upernavik a envoyé un Danois. Nous marchons, sacs sur le dos, vers le vaisseau immobile. Craquements de la neige sous nos pas, le vent nous siffle aux oreilles malgré les capuches. Deux lampions sur le pont, pas un bruit, une échelle de coupée blanche de glace.

Nous montons à bord. Fermé comme une huître. « Bang ! Bang ! Bang ! » contre la porte de fer qui s'ouvre cinq minutes plus tard, quand nous allions repartir vers le village. Karl Andersen a été pendant des années le mécanicien du navire, dont il connaît chaque boulon. Petit, rond, il marche lentement, boite dans ses pantoufles usées : il est tombé dans la cale, la veille, alors qu'il travaillait sur le moteur. Il n'a pas été prévenu de notre venue mais ne s'en offusque pas. Si je dis que Fleming, le patron d'Upernavik Seafood, nous envoie, cela suffit. Il nous montre notre cabine, répond à mes questions par des signes de tête ou des monosyllabes. Pourtant, nous comprenons qu'il est content d'avoir de la visite. Il est là depuis soixante jours et pas une fois il n'est allé au village. Il ne les connaît pas, ne parle pas leur langue, ils ne parlent pas danois, il n'a pas besoin d'eux. Il vit en ermite sur son rafiot rouillé, avec sa cabine surchauffée et ses placards débordant de boîtes de conserve, attendant que la banquise desserre les mâchoires.

Le lendemain, à la mi-journée, debout sur le pont, nous voyons approcher les scooters des neiges de Julunguaq et de son copain Niels, mécanicien à l'usine de poissons de Nutarmiut. Ils sont partis avant l'aube pour avoir le temps de nous ramener au village. Nous chargeons nos sacs à l'arrière, enfilons ce que nous avons de plus chaud et de plus étanche : polaire, doudoune en duvet, Gore-Tex... Il fait moins 20 °C. Philippe est ravi : lui qui voulait changer de terrain d'expérience, il ne pouvait trouver plus éloigné des mangroves de Guinée.

À mi-chemin, Julunguaq s'arrête. « Nicoulass, je voudrais aller jeter un coup d'œil à un filet à phoque mais s'il te plaît ne prends pas de photo. Et n'en parle à personne. » Je ne comprends pas bien, il m'explique : il est interdit en Ski-Doo de s'écarter de la piste principale. Le but, encore une fois pour limiter les prises, est d'empêcher les chasseurs d'aller d'un lieu de pêche à un autre en scooter. Seul le traîneau est admis.

Nous arrivons à Nutarmiut. La maison de Julunguaq est trop petite ; nous logeons dans la seule maison vide que nous pouvons louer. Pas d'eau courante, mais ici pas de canalisations chauffées : il faut marcher vingt minutes jusqu'à un lac, avec ses bidons, la neige jusqu'aux genoux, casser la glace et faire le trajet de retour en traînant les jerricans attachés par une corde. Nouvelle idée pour les étudiants ingénieurs-designers de Neuchâtel : dessiner une pompe à main insensible au gel...

Nous évoquons la chasse à l'ours : il faut donc deux traîneaux, deux équipages de chiens, les tentes, le ravitaillement. Julunguaq et Niels font les comptes : ils demandent six mille couronnes danoises, près de mille euros, par jour ! Pas question de payer : nous n'avons pas le budget et Philippe m'explique que cela va à l'encontre de toutes les règles et pratiques. Pas une fois il n'a donné d'argent aux paysans soussou de Guinée ou aux Mayas du Mexique pour les accompagner. Cela fausserait tout.

Gros coup au moral : je l'ai amené ici, lui ai fait miroiter les « derniers chasseurs d'ours » et nous voilà le bec dans l'eau. Il va falloir trouver autre chose. Ambiance morose le soir au dîner. Nous sommes là pour six semaines, que faire ? Philippe suggère de s'intéresser, dès le lendemain, aux milliers d'objets de toutes sortes qui traînent, comme s'ils étaient abandonnés ou attendaient d'être jetés, aux abords des maisons. Carcasses de moteurs hors-bord, épaves de Ski-Doo, vieilles lampes tempête, outils rouillés, caisses de clous plus ou moins tordus, lanières de graisse de phoque, planches et tasseaux de toutes tailles, bois de caisse, vestiges de kayaks, traîneaux désarticulés, morceaux de filets, vieux couteaux, os de baleine, squelettes de chiens...

À Nutarmiut comme dans les autres villages de chasseurs-pêcheurs, chaque domicile est entouré d'un dépotoir informe que la neige fait presque disparaître en hiver et qui ne sent pas très bon en été. J'y vois un amas d'ordures. Philippe, dont l'œil est exercé et qui depuis vingt ans s'intéresse à ce que les hommes font de leurs mains, y voit bien autre chose. Bof... Je ne suis pas enthousiaste mais je n'ai pas de meilleure idée. J'étais parti pour la chasse à l'ours, moi. On va prendre ça comme un exercice, je vais voir comment travaille un ethnologue. Je commence à prendre des photos, en gros plan, de tout ce qui traîne autour des maisons. Les adultes me regardent du coin de l'œil sans comprendre, les enfants se moquent de nous. Je m'applique, fais de beaux clichés que je transfère sur l'iPad.

À la tombée du jour nous frappons aux portes. Nous commençons par Tobias, vieux chasseur qui vit seul dans une grande maison vide. Grosses lunettes, plus une seule dent, profondes rides. Sa femme est morte il y a trois ans, tous ses enfants sont partis. Presque pas de meubles, posée contre un mur, une grande dent de narval, le dernier qu'il a chassé. Nous comprenons vite que cette maison moderne, avec ses étagères où ne sont posés que les trophées remportés par ses enfants dans des compétitions sportives, est assez récente. Sa vraie maison, elle, se situe dans le hameau abandonné, tout proche, d'Ikerassarsuk. Le lendemain, il nous y conduit. Petit et âgé, il semble frêle et fragile. Mais dans la neige nous peinons à suivre son rythme... Devant la maison, la plus grande des trois qui subsistent, je me souviens : je l'avais rencontré dix ans plus tôt, lors d'une expédition en kayak. Sa femme nous avait préparé des gâteaux et lui nous avait fait des démonstrations de lancer de harpon.

Il est ravi de tout ressortir, de tout nous exposer : le kayak remisé sous la maison, ses harpons, pagaies, le fusil. Je lui montre sur l'écran les photos des objets abandonnés. « Ça, qu'est-ce que c'est ? » « Et ça, à quoi ça sert ? » Et c'est vrai, tous ces objets peuvent avoir une seconde vie. Le bois de caisse, il en découpe de petites pièces pour l'étrave d'un kayak. Les câbles de nylon du vieux traîneau vont servir à fabriquer un harpon. Le fer à béton ou un tournevis rouillé, ce sera pour la pointe. Avec des os de baleine on peut faire des poupées. Les clous, cela sert à tout. Un vieux couteau va former le système de fermeture d'une porte. Une pièce de monnaie se transforme en bouton. La courroie de transmission d'un scooter des neiges deviendra le frein d'un traîneau. Plus de vitre au magasin, on la remplace par plusieurs épaisseurs de plastique transparent.

Philippe note mes traductions, sourire aux lèvres. « Tu vois, ce ne sont pas des ordures, pas même des objets de rebut. Ils ne sont pas abandonnés, ils sont posés là. Ce sont des réserves. Ils sont gardés en attendant de trouver une nouvelle fonction. Le rapport des Inuits aux choses, aux objets, est différent du nôtre. » Il m'apprend à conduire des enquêtes ethnographiques, à le faire de façon systématique, dans une démarche scientifique. Ces capharnaüms qui entourent les maisons, je ne vais plus jamais les regarder du même œil. Ce qui était au départ un exercice va se transformer en une quête passionnante. Au moins aussi captivante que la chasse à l'ours. Nous passons des jours à fouiller ce que peu de temps auparavant j'aurais qualifié de poubelle, photographiant tout.

Tobias mais aussi Mariannguaq, la mère de Julunguaq, et son mari Palu sont intarissables. Ils apprécient notre intérêt pour leurs coutumes, leurs traditions, leur monde. Je dessine, note les noms de centaines d'objets dans mon carnet noir. Je repartirai de Nutarmiut avec plus de quatre mille clichés. Ce sont les clefs qui me manquaient pour comprendre mieux encore cette société aux règles si éloignées des autres.

Nous établissons la généalogie du village, étudions leurs complexes parentèles. Je m'aperçois que des gens de mon âge, avec leurs GPS et leurs ordinateurs, sont nés il y a quarante ans dans des maisons en tourbe, hameaux aujourd'hui abandonnés. Peter ne quitte pas son téléphone portable : en fond d'écran, une photo de ses chiens encerclant et attaquant un gros ours. Un soir, Mariannguaq voit que l'une de mes bottes est décousue. « Je vais la réparer. » Elle sort alors ce qui ressemble à un fil de nylon jaunâtre très fin : du tendon de narval ! « Cela sera plus étanche... »

Grâce à Philippe je comprends que les chasseurs du nord-ouest du Groenland forment une population unique, à la césure de deux mondes, qui s'apprête à basculer dans un autre univers. S'ils portent encore en eux l'héritage de leurs aïeux, ils l'adaptent sans cesse à leur nouveau monde. Pour les harpons, le bois et le fer à béton ont remplacé la dent de narval et l'os de baleine. Mais la façon de les fabriquer, les tours de main sont millénaires, comme le geste pour les lancer. Dans le village, pour fabriquer son kayak, un chasseur a découpé le col d'un bidon de cinq cents litres en plastique bleu pour en faire le cercle délimitant l'entrée dans l'embarcation. Mais sa façon de pagayer en silence pour ne pas effrayer le narval, c'est son grand-père qui la lui a enseignée. Pour chasser, ils enfilent comme il y a deux siècles des pantalons en peau d'ours. Avec dessous des survêtements fourrés en nylon.

Philippe me fait comprendre qu'il faut recueillir la parole des anciens, leur faire expliquer comment et pourquoi ils fabriquent le kayak de cette façon, ainsi que les flotteurs en peau de phoque. Dans dix ans, au rythme où leur monde s'efface, bien des choses et des savoir-faire auront disparu.

Un soir, après avoir fermé son ordinateur, Philippe me confie : « Tu sais, Nico, je t'ai observé. Tu ferais pâlir de jalousie bien des ethnologues. Tu as vingt ans d'expérience avec ces communautés, tu parles leur langue, tu te rends sur place deux ou trois fois par an, tu connais leur culture, tu es curieux, tu as su te faire adopter, tu aimes comprendre et poser des questions : pourquoi ne ferais-tu pas un travail scientifique sur les Inuits ? Une thèse ? » L'idée me plaît. D'autant que, déjà titulaire d'une thèse d'État en informatique, je peux en passer une autre. Philippe accepte d'être mon directeur, en ethnologie des techniques. L'intitulé exact reste à trouver mais cela tournera bien sûr autour des pratiques de chasse d'Ole, Peter et Julunguaq.

Après quelques jours, déjà, je sens que mon regard sur ces hommes qui sont aussi mes amis a changé. Les photos sont plus précises, moins esthétiques et touristiques. Je cherche à documenter leur vie, leurs traditions, leurs croyances. Avec l'aide de Philippe, j'ai enfin compris pourquoi ils me fascinent depuis si longtemps. Tout se met en place. C'était évident mais seul je ne pouvais pas le voir.

L'année suivante, le prototype de pulka-kayak est prêt. Dessiné par les élèves-ingénieurs, fabriqué à la main par un artisan. Plus large qu'une pulka classique, elle semble bien flotter. À l'arrière, un dispositif permet de fixer les deux skis du raider, qui se transforment en stabilisateurs sur l'eau. Il ne reste plus qu'à la tester. Les financements de la HE-Arc de Neuchâtel permettent à Philippe et l'un de ses étudiants, Gaëtan Bussy, de m'accompagner à Kullorsuaq, où nous allons pouvoir aussi continuer nos enquêtes sur les objets de rebut. Nous essayons la pulka dans toutes les conditions : neige, glace, montée, descente. Parfaite, légère et rigide, elle glisse beaucoup mieux que tout ce que j'ai tiré dans ma vie. Et surtout elle flotte ! Elle est stable, même pleine. Je franchis des bras de mer, l'essaie même dans de petites vagues. Je plonge quelques minutes sous la banquise pour, avec une caméra étanche, filmer son étrave sous l'eau. C'est pour l'instant un modèle unique mais cela pourrait intéresser un fabricant pour lancer une série. Le marché n'est pas immense mais les amateurs de raids en milieu polaire seraient ravis de disposer d'un aussi bon matériel.

J'explique à Ole, Peter, Karl, mes amis chasseurs de Kullorsuaq, le travail sur les objets abandonnés. Cela leur semble étrange de s'intéresser d'aussi près à toutes ces bricoles qu'ils ont toujours vues traîner autour de chez eux, mais ils confirment : ce ne sont pas des ordures. Ici, sur cette île isolée par l'océan en été, la banquise en hiver, tout peut potentiellement servir. Il faut tout garder sous la main. Le rayon bricolage du magasin de l'île est minuscule, bien des choses sont introuvables. Il y a une décharge mais il faut vraiment que ce soit inutilisable pour qu'on y apporte quoi que ce soit.

Ole me renseigne : « Celui qui va pouvoir te montrer beaucoup de choses, c'est Mathias. » Avec sa grande mèche noire plaquée sur le front, la peau brûlée par le soleil et le froid, ses yeux brillant de malice et son unique dent sur la mâchoire inférieure, c'est l'un des plus vieux chasseurs du village. Il sait, avec du bois de palette et des cordelettes, construire de A à Z l'armature d'un kayak. Ils ne sont plus que trois ou quatre à savoir le faire dans la région. Sa maison est entourée de caisses de bois pleines d'un indescriptible fouillis. Des cordes, câbles, liens, ficelles, tendons de phoques, fils de nylon pendent au balcon, de toutes tailles et de tous diamètres.

Il est fier de nous expliquer comment il a fabriqué son kayak, il y a des années. Plus de peau de phoque pour l'enveloppe, c'est tellement plus simple d'acheter de la toile au magasin et de la peindre en gris. Mais ses gestes sont ancestraux, il les tient de son grand-père. Je lui demande de m'aider à fabriquer mon harpon : il est ravi. Nous passons des jours à sculpter le bois, le poncer. Puis il faut faire la tête détachable, qui va rester dans le narval ou le béluga et entraîner les outres ou les ballons de plastique dans son sillage. Je taille avec mon couteau-outil des rondelles de Téflon : la matière a été récupérée dans les patins d'un vieux traîneau déglingué, rangé sous la maison. Pour la pointe, un morceau de fer à béton aiguisé.

Les autochtones proposent chaque fois de me fournir de la corne, de l'os. « Ce sera plus joli... » Mais je leur explique que je veux faire un harpon comme les leurs, pour m'en servir. Pas une fausse antiquité à accrocher au mur. Nous nous extasions devant leur ingéniosité, leur débrouillardise, leur sens de la récupération et du bricolage. Un matin, Philippe fait tomber le pied de son micro et le casse : un bloc de fonte d'aluminium fendu en deux. Trois jours plus tard, Ole le rapporte ; la réparation est presque invisible.

En parlant avec eux, puis grâce aux méthodes de Philippe, qui organise les informations, donne des pistes de recherche, suggère des questions, analyse les réponses, je comprends mieux ce qui se joue chez les chasseurs du Groenland depuis vingt ans. Contrairement à l'idée communément admise, ils ne sont pas victimes du réchauffement climatique. Des périodes plus chaudes, pendant lesquelles la glace devient plus fine, les étés plus longs et les hivers plus courts, ils en ont connu. Leurs ancêtres aussi. Ils se sont toujours adaptés. Depuis quelques années, au printemps, ils préfèrent les traîneaux aux scooters des neiges : les chiens sentent – personne ne sait vraiment comment – la glace plus fragile devant eux, la contournent ou s'arrêtent. Si la banquise prend plus tard, ils pêcheront davantage. Si elle fond plus tôt, cela libérera les hors-bord. « Seul le temps et la glace sont maîtres. » Plus ou moins tard, ils changent leurs pratiques. Ils savent qu'ils sont cinquante-cinq mille âmes perdues tout là-haut sur ce continent de glace et qu'ils ne maîtrisent pas plus les éléments que leurs aïeux.

Alors, que le réchauffement soit dû, comme nous le savons désormais, à l'activité humaine sur le reste de la planète ou que ce soit des cycles qui se succèdent, ils n'y pensent même pas. La plupart ont entendu évoquer le phénomène à la télévision danoise, mais rares sont ceux qui font le lien avec ce qui se passe chez eux. Des commissions, des experts, des scientifiques, des politiques se réunissent chaque mois sur le sujet à Nuuk, la capitale, là-bas dans le sud de l'île. Mais c'est si loin. L'immense majorité des habitants de Kullorsuaq n'y mettra jamais les pieds. L'écho de leurs travaux est inaudible.

Non, ce qui a bouleversé leur quotidien, ce qui met en péril leur société, leur mode de vie et de subsistance, c'est l'imposition à l'aveugle des quotas de chasse. Face à l'émotion bien compréhensible des opinions publiques confrontées aux images sanglantes de chasse au bébé phoque en Norvège ou au Canada, les ONG de défense de la nature se sont mobilisées. Les opinions publiques puis les politiques ont suivi : c'est un terrain consensuel, il y a tout à gagner et rien à perdre à faire passer une législation restreignant la chasse au bébé phoque, puis à l'ours polaire ou au béluga.

Mais personne ou presque n'a cherché à comprendre les répercussions de ces restrictions sur les communautés inuites. Il y a des quotas de « chasse autochtone », ils peuvent continuer à traquer le gibier, tout va bien. De toute façon, les chasseurs n'ont aucun lobby, à peine une représentation. Ils ont l'habitude de s'adapter aux contraintes, ils s'adapteront de nouveau. Ces quotas décidés par des technocrates de l'Union européenne détruisent les sociétés traditionnelles. Ils sont imposés pour de bonnes raisons, protéger les ours qui sont une espèce menacée par exemple, mais leurs répercussions ne sont pas étudiées.

Elles aboutissent souvent au résultat inverse de celui poursuivi. Nous plaquons à l'aveugle nos solutions occidentales sur des systèmes différents du nôtre, à eux de suivre.

Ce que Philippe va m'aider à comprendre, c'est l'ampleur du phénomène. En interrogeant jeunes et vieux, femmes et hommes, nous découvrons une angoisse terrible. « Que vont devenir nos enfants ? » « Que vont-ils manger ? » « Comment gagner ma vie quand je ne peux plus rien vendre du produit de ma chasse ? » Les quotas autorisent une chasse limitée mais leur effet est encore plus pervers. La commercialisation de la viande de béluga est interdite, la vente de la dent de narval aussi et celle des peaux de phoque est très limitée. Comment un père pourra-t-il inciter son fils adolescent à suivre sa voie s'il sait qu'il ne pourra en vivre ? Si le seul argent qu'il pourra espérer toucher est le salaire de sa femme pour faire les courses au magasin du village ?

À Kullorsuaq, invités à dîner par Ole, nous voyons sur la table du phoque bouilli, normal, et un grand plat de frites surgelées, achetées au magasin. « C'est pour les enfants, explique-t-il d'un air contrit. S'il n'y a pas de frites, ils refusent de manger du phoque. Et s'ils ne le mangent plus, ils ne le chasseront plus. Ils se gavent déjà de hamburgers et de bonbons toute la journée au magasin. Et leur vrai régal, ce sont les poulets surgelés. Tu verrais la cohue à la caisse du magasin quand il y a un arrivage... »

Passant avec lui devant l'école, Mathias nous raconte que, lorsqu'il était enfant, des chasseurs venaient dans les salles de classe apprendre aux élèves les traces des différents animaux, comment reconnaître un mâle, à quelle période épargner les femelles, comment construire un harpon, guider un attelage. Depuis trente ou quarante ans, les programmes scolaires ont été rationalisés, des professeurs sont envoyés du Danemark. Enfants et adolescents sont scolarisés jusqu'à 18 ans. À partir de 16 ans, ils sont pensionnaires à Upernavik ou plus au sud. Ils y découvrent l'alcool, les voitures, les jeux vidéo. Le choc est rude quand ils rentrent à Kullorsuaq. S'ils rentrent... Nombreux sont ceux qui partent sans retour.

Samedi soir dans le village. Une grande maison de bois, des jeunes groupés près de la porte d'entrée. Riffs de guitare électrique : à l'intérieur, comme tous les week-ends, ils sont des dizaines dans la grande pièce. Les instruments passent de main en main, le batteur tape de toutes ses forces. Au micro, les paroles en groenlandais chantent l'amour, l'espoir, la solitude. Ils portent des tee-shirts noirs à l'effigie de groupes de hard rock, des casquettes de skater, des capuches. Je parle à l'un d'eux, 19 ans, dont je sais que le père est chasseur : « Tu as fini tes études ? Tu penses devenir chasseur, toi aussi ? » Il sourit, n'ose pas me contredire : « Peut-être, on verra... » Mais il suffit de regarder ses mains pour avoir la réponse.

Parce qu'il regroupe près de cinq cents personnes, que c'est un lieu de chasse ancestral dans une région giboyeuse, que l'alcool y est banni, que les traditions y perdurent plus qu'ailleurs, Kullorsuaq attire des chasseurs de toute la côte nord-ouest. Julunguaq envisage de quitter son hameau de Nutarmiut, sans eau, sans magasin, pour s'y installer. La mairie finance la construction de six maisons neuves. En hélicoptère ou en longeant les terres en bateau, je montre à Philippe de nombreux villages abandonnés : six, huit taches de couleur perdues dans l'immensité, accrochées aux rochers dans la baie de Melville.

Là aussi, son regard d'ethnologue va m'aider à comprendre : les quotas de chasse, les restrictions imposées par l'Union européenne ou le reste du monde forcent les Inuits à se regrouper, à délaisser les lieux trop isolés où la survie est devenue impossible. Ainsi d'immenses territoires se vident de leurs habitants et deviennent disponibles pour la prospection minière et pétrolière. Déjà, des concessions d'exploration ont été accordées à des compagnies pétrolières internationales sur toute la côte ouest du Groenland. L'une d'elles a installé son forage juste en face de la sortie du fjord d'Ilulissat, qui crache sans arrêt des millions de tonnes d'icebergs. Un jour, c'est inévitable, un monstre de glace que rien ne pourra arrêter, provoquera la première marée noire de l'Histoire dans cette région. Deux remorqueurs veillent en permanence, prennent les icebergs au lasso pour les éloigner de la plateforme. L'an dernier, ils en ont dévié plus de deux cents. Mais ils seront impuissants face à un bloc de plusieurs millions de tonnes.

Dans les bâtiments officiels et les quelques grands hôtels de l'île, des prospectus vantent le potentiel du Groenland pour la recherche minière. Les réserves, prouvées ou non, sont immenses, comme les appétits. Des sociétés, danoises pour la plupart, offrent leurs services de transport et de logistique en prévision de cette ruée sur les minéraux qui a commencé. Dans ce schéma de développement, les hameaux inuits, leurs kayaks et leurs traîneaux n'ont pas leur place.

Ce n'est sans doute pas leur fonction première et ceux qui les imposent sont sans doute animés des meilleures intentions, mais les quotas de chasse participent à l'extinction de cette culture, de ce monde traditionnel qui me fascine et que Philippe m'a aidé à mieux comprendre. Il m'a parlé du Grand Ouest américain au début du XXe siècle. Quand il n'a plus été admis par les autorités des États-Unis naissants de massacrer les Indiens, c'est le massacre des bisons, principale source de nourriture des communautés indiennes dans les grandes plaines, qui a été organisé. On est venu d'Europe pour les tirer par milliers, parfois dans des safaris organisés depuis les plates-formes de chemins de fer. La race a été presque rayée de la surface du globe. Plus de bisons, plus de ressources traditionnelles pour les tribus indiennes qu'il a été plus facile de persuader de se regrouper dans des réserves et de se nourrir de surgelés.

Ici, parce que les leçons de l'Histoire ne sont jamais tirées, les quotas de chasse restreignent l'accès des Inuits à la nourriture ancestrale, mettent en péril un mode de vie séculaire et font disparaître des pratiques et des traditions. Ne leur reste plus qu'à se regrouper et à aller se nourrir de poulets brésiliens, de hamburgers et de Coca Zéro au magasin d'État...

Une thèse d'ethnologie, même si je parviens à la terminer, ne changera bien sûr rien à l'affaire. Nous prévoyons aussi, dans le cadre de ces recherches, de faire venir un groupe de chasseurs de Kullorsuaq en Suisse, en France, pourquoi pas à Bruxelles ou Strasbourg pour qu'ils expliquent leurs problèmes, leurs désirs, leur vision des choses. Je sais qu'on n'arrête pas ainsi la mondialisation, la marche du monde, les lois du marché et du profit. Mais au moins j'aurai tenté quelque chose.

13

L'aventure du quotidien

Un matin à Ilulissat, côte ouest du Groenland. Retour d'expédition, pour une fois dans une chambre d'hôtel confortable. Un courriel de Lucie, mon ex : « Appelle-moi d'urgence. Les huissiers ont cassé ma porte ! » Au téléphone, elle est furieuse :

« Bon, Nico, ça commence à bien faire ! Je suis rentrée chez moi hier soir, la porte était ouverte, fracturée par un serrurier accompagné d'un commissaire de police. Ils ont laissé des lettres pour toi, des factures, des trucs à payer. Je te rappelle que nous sommes séparés, alors tes conneries d'URSSAF, de paperasse ou d'impôts en retard, je ne veux plus en entendre parler !

– Pardon, pardon, désolé, je rentre demain, je règle tout. Excuse-moi, mais tu sais ce que c'est...

– Oui, je sais... »

Heureusement, elle me pardonnera vite.

Les huissiers, mon cauchemar récurrent. Ils me poursuivent depuis cinq ans : envoyés par l'URSSAF, l'administration fiscale, les caisses de retraite, ils réclament le paiement de cotisations, d'arriérés, de tiers provisionnels, de sommes dont je ne sais jamais bien à quoi elles correspondent. Le scénario est immuable : je vais les voir à chaque retour à Paris ; ils m'expliquent m'avoir écrit, envoyé des recommandés soit chez Lucie, parce que c'était mon ancienne adresse, soit au studio de dix-huit mètres carrés que je sous-loue à des amis de province. Les enveloppes sont restées scotchées, en liasse, sur la porte. Pas de réponse… « La procédure a suivi son cours. » « Mais je vous l'avais dit la dernière fois, votre collègue l'avait noté : s'il vous plaît, arrêtez d'écrire. Je ne peux pas recevoir de lettres. J'étais en Antarctique. Dans dix jours, je pars pour le Nunavut. Envoyez-moi des e-mails, je vous promets de répondre. Mais le courrier, je ne peux pas. »

En vadrouille dix mois sur douze, je pose à l'administration française un problème dont je vais finir par croire qu'il est insoluble. Ils ne savent pas comment traiter mon cas, où me mettre, dans quelle case me ranger. Les ennuis s'accumulent, les pénalités s'additionnent. J'arrive dans leurs bureaux avec d'épais dossiers. Relances, mises en demeure, injonctions de payer dix pour cent de plus à cause du retard. « Bon, j'ai compris. Vous êtes non-résident en France. Pas de problème. Donnez-nous votre adresse à l'étranger… – Ben, ça dépend. D'abord, je vais être sur un bateau de croisière en Antarctique, puis itinérant au Groenland, ensuite un mois sous la tente en Alaska, en kayak. Qu'est-ce que vous préférez ? Je n'ai pas d'adresse fixe à l'étranger. » Là, en général, il y a un blanc. Puis : « Mais monsieur, il faut bien que vous soyez quelque part… » Huit semaines par an en France, le reste en vagabond dans toutes les régions froides du monde ; ces fonctionnaires la plupart du temps charmants et bien intentionnés m'ont fait comprendre que j'étais sans domicile fixe. Mais un SDF international.

Nos entrevues commencent souvent sur un ton sévère : « Vous avez six mois de retard, c'est inadmissible », puis lorsque j'explique que je suis désolé, de bonne foi et d'où je viens, les regards changent. La lettre manuscrite qu'ils m'ont demandée avant Noël, je l'ai postée d'Ushuaïa. Trois semaines de délai, deux semaines de retard. « Ushuaïa ? » Alors je raconte la glace, les baleines, les ours polaires, les tempêtes et les aurores boréales. Signe un chèque. « Bon, pour les pénalités, je vais voir ce que je peux faire… Et là, vous partez où ? C'est quel pays, l'Antarctique ? Il y a des Esquimaux ? » Souvent, épinglés aux murs des bureaux, des vues de banquise, des posters de pingouins. Je leur laisse l'adresse de mon site Internet pour qu'ils aillent voir les photos. Celui-là semble avoir compris, faisant preuve de bienveillance. « Au revoir, bon voyage. » Mais quand je reviendrai, après Pâques, j'aurai à faire à un autre et il faudra tout recommencer…

J'ai fondé il y a sept ans une société, Sikumut, petite structure destinée à émettre des factures et à me faire payer. Mais qui dit société dit formalités, cotisations, procédures. Même le comptable que je consulte a du mal à trouver les textes qui s'appliquent à mon cas. Je ne reste pas assez longtemps en France pour y être résident, ni assez longtemps où que ce soit ailleurs non plus. Je suis souvent sur des navires, mais pas assez pour être assimilé marin – ce qui simplifierait les choses car ils ont un statut spécifique.

J'ai créé mon emploi, je vis l'aventure au quotidien et réalise mes rêves d'adolescent. D'un avion à un paquebot, d'un kayak à un traîneau. Des images inoubliables, des cris de joie, des trouilles bleues. Mais autour de moi il n'y a rien. Je suis seul dans ma catégorie, dans mon monde, rien n'est prévu pour les gens comme moi. Plus dans mon pays d'origine mais trop mobile pour être vraiment ailleurs. Ma cabane à Kullorsuaq n'est pas encore habitable. Et quand elle le sera, je n'y passerai de toute façon que quelques semaines par an. Je ne serai jamais résident groenlandais.

« Tout quitter pour l'aventure », clamait en août 2010 la une du *Monde Magazine* sous mon portrait, pour lequel un photographe de studio m'avait fait poser avec une veste de chasse et sa capuche en fourrure, neige artificielle dans la barbe. Bien des gens en rêvent, peu font le grand saut. Je l'ai fait. Aucun regret, au contraire, mais je sais aujourd'hui que cela a un prix. Et qu'il est élevé.

Sept ans après avoir été mis en disponibilité de l'Éducation nationale, je suis loin d'avoir retrouvé mon salaire de maître de conférences. Je ne l'atteindrai sans doute jamais. Sur l'année, une fois payées les charges, je gagne environ deux mille euros par mois. Et c'est tout récent. Pendant longtemps, c'était moins de la moitié. J'ai la chance d'avoir trouvé ce minuscule studio à sous-louer dans le centre de Paris. Trois cent trente euros : je ne pourrais payer davantage. J'aimerais bien un peu plus grand, mais pour ce que j'y suis... Pas de voiture, pas de télé. Heureusement, je n'ai pas de goûts de luxe. Vêtements de rando toute l'année. De quoi manger, acheter un iPad pour les photos, un iPhone, un ordinateur, deux appareils photos. Cela me suffit. Les discussions de mes anciens copains de fac sur leur maison de vacances ou leur nouvelle Renault me passent au-dessus de la tête.

Le plus cher n'est cependant pas quantifiable en argent. Le vrai prix pour vivre ma vie est ailleurs. Là où je vais, aux marges glacées du monde, je ne peux emmener personne. Je me construis, mais tout seul. Je sais depuis longtemps que j'aime la solitude, que je suis bien en tête à tête avec moi-même. Dans mon kayak, assis près du feu de camp devant l'océan, à skis sur la banquise, je suis heureux. Mais quand je rentre en France, que je vais dîner chez des amis, la cheminée, les enfants qui jouent, les regards et sourires qu'échange un couple amoureux me serrent parfois le cœur. Je n'ai rien de tout cela. Lucie me l'a expliqué : elle avait rencontré un prof de fac assez sportif et s'est retrouvée à vivre avec Indiana Jones, un fantôme, un courant d'air entre deux avions. Avoir un enfant, acheter un appartement, partir en vacances, être là quand elle a besoin d'aide ou d'une épaule contre laquelle se blottir : impossible. Nous nous sommes séparés, même si nous restons très proches.

La dernière fois que j'ai vu mes petites nièces, Célestine et Mélie, 4 et 2 ans, elles ne m'ont pas reconnu. De retour après cinq mois d'absence, ce grand gars barbu, hirsute, visage brûlé par le soleil et le gel leur a fait peur. Je sens que je suis pour elles un personnage étrange, dont elles ne savent pas vraiment s'il existe ou pas. Il faut des jours pour les réapprivoiser... avant de repartir. Dans ma tête, j'ai toujours 20 ans. C'est en les voyant grandir, de loin en loin, que je vois le temps passer. Avoir des enfants, moi aussi je voudrais bien. Mais j'y renonce, du moins pour l'instant.

J'aurai 50 ans dans huit ans. Quelques années de cotisations retraite, pendant que j'étais prof. Depuis, plus rien. Un matin, j'appelle la caisse. J'explique à mon interlocutrice que je ne veux pas cotiser du tout parce que je ne vais jamais cesser de travailler. La retraite, je ne la prendrai pas. « Mais monsieur, ce n'est pas du tout comme cela que ça marche... » Dans quelques années, je sais qu'il faudra que je trouve le moyen de moins partir, de construire ma vie davantage en France. Je rêve d'un institut de formation aux métiers polaires, sans savoir si cela peut devenir une structure rentable. De projets de séries pour la télévision, de tournées plus courtes au Grand Nord ou au Grand Sud. Peut-être avec National Geographic Television sur les traces des grands mystères polaires. Mais enfermé dans un bureau, jamais !

Si j'ai changé si radicalement de vie, c'est parce que je n'avais pas le choix, je ne pouvais faire autrement. C'était vital, je serais mort à petit feu. Cette force qui m'a fait renoncer à une existence ordinaire, à une carrière prometteuse, je ne la comprends pas, je ne l'analyse pas. Je la ressens, elle est en moi depuis le premier coup de pagaie derrière le kayak de Jacques à Port McNeill. Elle me tient debout, me fait vivre, justifiant les sacrifices, la solitude, le froid, la douleur, les risques encourus. Elle sera toujours là – ce mélange de curiosité, d'appréhension, d'exaltation, de courage, de peur, d'émerveillement, de goût de l'effort. À moi d'inventer les moyens d'y adapter ma vie.

Nuit noire à Ilulissat. Je suis sorti de l'hôtel, l'appareil photo en bandoulière, pour guetter l'aurore boréale. Des reflets vert et rouge, vers l'ouest, cela ne va pas tarder. Je suis bien couvert, il fait moins 16 °C. Les chiens tirent sur leurs chaînes et hurlent à la lune. C'est vrai qu'elle est grosse. Et parfaitement pleine. Le ciel est tellement pur, tellement sombre que j'en distingue tous les cratères, toutes les vallées. Elle doit être fabuleuse, cette exploration-là...

Remerciements

À ma famille

À Jacques
À Michel Moutot
À La Compagnie du Ponant
À Laurent Rebstock de la société Heckel
À Jean-Luc, Nicole, Dominique, Marie et toute l'équipe de Grand Nord Grand Large

Table

Composition et mise en pages
Nord Compo à Villeneuve-d'Ascq

Achevé d'imprimer en novembre 2020
sur les presses de l'imprimerie Laballery à Clamecy
Dépôt légal : avril 2012 – N° 011333
Imprimé en France